アラサー
サラリーマン格闘家が
テントサイルで野宿しながら
オーストラリア武者修行

オーストラリア自転車旅

鎌田 悠介

つむぎ書房

目次

序章

第一章　ニューサウスウェールズ州……8

世界遺産ブルー・マウンテンズ国立公園
野生動物に怯えた山キャンプ
湖のキャンプ場で年越し
格闘技ジム訪問
ニューサウスウェールズアウトバック

第二章　南オーストラリア州……56

バーラで出会ったオーストラリア人
アデレードで格闘技三昧

海沿いの街セデューナ
オーストラリア屈指の難所ナラボー高原

第二章　西オーストラリア州……………………83

ナラボー高原で出会った日本人
ストームに遭遇して死ぬかと思った
西の都パースへ
自転車修理に費やしたパース生活
思い付きで飛んだスカイダイビング
世界遺産グレートバリアリーフでシュノーケリング
終わることのない向い風
荷物を全て失う
最難関のキンバリー地方
西オーストラリア州最後の街カナナラ

第四章　ノーザンテリトリー州……154
温泉のある街
ダーウィンに到着
カカドゥ国立公園のバスツアーに参加
マタランカでまた温泉
犬に噛まれた日
ベンチに集う旅行者達

第五章　クイーンズランド州……194
鉱山の街
クイーンズランドアウトバック
チキンレース
家に招待される
ブリスベンに到着

第六章　再訪ニューサウスウェールズ州……224
四ヶ月ぶりに再開
たくさんの日本人
ついにコアラを拝見
シドニー到着
第七章　アデレード生活……………244
格闘技は国境を越える
第八章　帰国&試合……………………250
あとがき

序章

カーテン裏に控えながら、程よい緊張感と共に入場の音楽とスタッフの合図を待っていた。総合格闘家としてプロデビュー後に新人王を獲得したが、二連敗を喫し、前線から二年以上も離れていたのに不思議と不安は少なくなっていた。

「何となく、勝てると思うんですよね。」周りにそうは言っていたが、単に自信過剰だったのか今ではわからない。

音楽が鳴った。スタッフを一瞥し、タメを作らずに黒幕を開け、薄暗い会場の中央にあるリングへ一直線へ向かった。手前の赤コーナーからリングへ上がり、一礼してロープの隙間から体を通しリングに上がる。キャンパス生地のリングを踏むと、足裏からは暖かいのか冷たいのかよくわからないあの独特の感触が伝わってきた。

リング中央で相手選手と握手をし、コーナーに下がると試合開始のゴングが鳴った。

この一年、筆者は格闘家として最もスパーリングをしなかった選手の一人だろう。それでも自信はあった。練習量こそ少ないが柔術黒帯、MMAのランカー、ムエタイ王者といった同階級のスーパーファイター達と日々練習していたのだ。

そして何より、この一年で最も有酸素運動をした選手であるはずだからだ。七ヶ月で約1000時間を自転車に投資し、18801キロを走った。舞台となったのは南半球に位置するオーストラリアだ。「一国一大陸」の巨大な国を自転車で走り抜けたのだ。

総合格闘技の選手生活と二足の草鞋だった化学会社でのエンジニア職を退職し、大学時代から10年以上思い描いていたオーストラリア一周自転車旅を実現することができた。優良会社のサラリーマンを捨てる事は親に反対されたし、ファイターとして残り僅かな現役の時間が勿体無いと思ったのも事実だ。それでも自分にとっては、この旅を完遂しない事には先の人生に進めない気がしていた。

独身、三十一歳の自転車旅だ。

第一章　ニューサウスウェールズ州

世界遺産ブルー・マウンテンズ国立公園

２０１８年１２月２４日

飛行機は3時間ほど遅れてシドニー空港に着陸した。南半球であるオーストラリアの十二月は夏なので、真冬の日本と違って暑い。サマークリスマスで盛り上がっていたはずだが、クリスマスを楽しむ余裕は全くない。初日の走行予定距離は１００キロで、ブルーマウンテンズ国立公園のあるカトゥーンバ（Katoomba）という町にあるブルーマウンテンズバックパッカーズホステルで宿泊する事になっている。ブルーマウンテンズは世界自然遺産になっていてカトゥーンバはその観光都市にあたる。

大抵の自転車ツーリストは荷物が多いので、盗難の不安から治安の悪い都会を好まない。自分も例に漏れず地方の方が好きなので、ちょっと無理してでも初日に行ってみることにしていた。１００キロという距離は学生時代から日本国内を走っていた身にしては大した距離ではない。北海道を走った時には1日で１５０キロは連日走っていた。その頃より荷物は多く走行には不利だが、初日は体力もあるので大丈夫だろう。休憩を入れても7~8時間ほどで100キロを走れるはずだ。夕方には到着するだろう。しかし、慣れない海外と飛行機が遅れたタイムロスで焦っていた。即座に荷物の回収、両替、自転車組立、着替え、栄養補給をして漕ぎ出さなければならない。預けた荷物はすぐに見つかった。自転車ツーリング用のサイドバックを持っていると、

「自転車かい?」と係員に声をかけられ、すぐに、

「イエス。」と返答する。

どうやら自転車は特殊荷物にあたるらしい。そのエリアはスーツケースが流れているベルトコンベアーはなく、大きい荷物がまとめて置かれていた。即座に自転車を回収できたのはよかった。サーフィンや楽器もこのエリアに置かれていた。検疫ゲートの列で待っていると、女性係員が、

「入国カードを見せて。この荷物は?」と訪ねてきたので、

「自転車。」と答えた。

「タイヤは綺麗か?」と更に聞いてきたので、

「イエス。」と返答した。

タイヤに付着しているかもしれない「土」を気にかけているのだ。オーストラリアはコアラやカンガルーに代表されるように固有の生態系があるので、その保全をするために検疫が厳しい。入国カードを係員に渡し、問題なく検疫所を通過することができた。荷物を載せた大きなカートを押しながら自動ドアから出ると、マクドナルドや携帯通信会社のショップが目に付いた。凄く活気がある。外は快晴のようで出発日としては上出来だ。あとは自転車を組み立てて、外に出れば好きな場所まで走っていける。自由の身まで遂に壁一枚

のところまで迫ったが、ここから出発まで一時間以上かかってしまった。

まずは両替所で持ってた円を豪ドルに全て交換した。次に携帯回線をゲットしなくてはいけない。結果的には無事に「レバラ（LEBARA）」というボーダフォン系列の格安シムを契約することができたが、日本で使用していた回線のプロトコルを削除していなかったのでエラーが乱発し、開通に時間がかかってしまった。使用した端末は日本で購入したiPhone7のシムロック解除品だ。市街地ではグーグルマップにお世話になったので到着後すぐに契約して良かったと思っている。

オーストラリアの携帯通信事情は大手3キャリアの寡占市場で、その下に「MVNO」いわゆる格安シムが軒を揃えている。この時はわからなかったが、最大手の「Telstra（テルストラ）」か、その通信域を利用できる格安シムにしておけばよかった。大手3番手と言われるボーダフォンだったので、インターネットが全く繋がらない街も多かったのだ。

空港にあるマクドナルドにでも行きたかったが時間がない。すでに午前10時を過ぎている。サンドウィッチと水を買って栄養補給し、外に出てすぐのバス停があるスペースで自転車の組み立てに取り掛かった。

輪行袋から自転車を取り出して状態を確認するが、破損などの問題はなさそうだ。組み立て自体はスムーズだったが問題は荷物の量である。重い！こんなものなんだろうけど重い。車体込みで40kgくらいはある。今まで軽量を極めたようなスタイルだったので未経験の重さだ。

パッキングしている時間もないので適当に荷物をサイドバッグに放り込む。バッグの口がしっかり閉まらないが幸いにして雨の心配もない晴天、荷物が落ちなければいい。（すぐにグローブを片方落とした。）

自転車に跨り漕ぎ出すも重い車体のコントロールがうまくできないでフラフラして怖い。こんな状態で今日の走行予定の100キロも走れるのだろうかと不安に駆られる。異国の乾いた空気にやられたのか目が痛み、涙が出た。シドニーの街中を西へ走る。

別の道で少し郊外に出るとパッシングも少なくなり、いよいよツーリングらしくなってきた。街中を直ぐに離れたのは正解だった。途中のスーパーマーケットやホームセンターに寄りたかったが、そんな時間もないので一心不乱に目的地であるカトゥーンバを目指す。ガソリンスタンドで水やお菓子を買いながらひたすらに進んだ。ウェストポーチに入れていたチョコレートは夏の気温で簡単に溶けてしまった。

高斜度の登り坂では車体重量も合わさって思うように速度が出ないのでバランスが崩れてしまう。急なアップダウンも何度も何度も訪れて挫けそうになる。なるべく平坦に道を作ったほうが燃費も良いのにと思ってしまうが、オーストラリア人はそんな事は気にしないのだろうか、それともこういう地形なのか。日本ではありえない作りの道路に舌打ちをして、時には叫びながらペダルを踏んだ。ガソリンスタンドでアップルジュースや栄養ドリンクをガブ飲みしてひたすら漕ぐ。気温も高く、脳味噌が焼き上がりそうだ。登坂速度は時速10キロ以下だったと思う。

ようやくカトゥーンバに到着した頃には憔悴しきっていた。予約したホステルは幹線道路から直ぐの場所で、時間ギリギリになんとかチェックインすることができた。21時だというのに日が暮れたばかりなのが変な感じだ。改めて異国にいるのだなと感じる。

しかし問題は続き、クリスマスイブであるこの日から祝日で店が閉店するとスタッフに告げられた。自転車旅の醍醐味は食事と言っても過言ではない。今日は行動食のお菓子しか食べてないので何か食べたい。ドミトリー（二段ベッドが並んだ相部屋）の部屋に荷物を運んで、シャワーを浴びた後にパンパンの足で夜の街へ出たが、真っ暗だった。30分歩いて教えられた店に行ったが閉店しており無駄足になった。失意のまま帰路に就くも、折角だからと別ルートで帰ると見覚えのある「SUBWAY」の看板を発見した。言わずと知れたサンドウィッチチェーンだ。閉店2分前に突撃すると、「何しにきたんだ?」とアジア系の店員に言われ、「サンドウィッチが欲しい!」と返答した。

言われるがままにトッピングしてモンスターサンドができ上がった。これでも足りない位だが勘弁してやろう。スーパーマーケットも含め、あらゆる店が閉まっていたから本当に何も食べれなくなるところだった。このサブウェイには本当に救われた。

カトゥーンバにはこの日から三泊の滞在となる。

滞在先のブルーマウンテンズバックパッカーズホステルは旅人御用達の安宿だ。相部屋のドミトリーなら20ドル台(約1600円)で一泊することができる。立地としては近くに駅、スーパー、商店街、酒屋などなんでもあるので便利だ。突筆すべきはランドリーが無料であること。これは自転車乗りには嬉しい。無料ランドリー付属の宿は少なかった。洗剤は本来自分で用意するのだが、共用のがあったのでそれを使わせてもらった。宿泊した大部屋は男女兼用で、カップルで宿泊に来る旅行者も多い。床(土足)に下着を脱ぎ捨てている女性もいてビックリした。

ベッドに横になると、疲れからか体が沈むように重たい。オーストラリアの夏の夜は寝苦しくないだろうかと考え始めたころには眠ってしまっていた。

目が覚めて12月25日、クリスマスを迎えたわけだが、疲労困憊している。出国前に入念な走り込みなどはせず、キックボクシングやらレスリングなどの格闘技をやっていたので体が驚いているのだろう。

体の回復に努めたいが食料調達に失敗したので何も食べるものがない。水を飲んでは寝てを12時まで繰り返し、その後は昨日と同じ様にサブウェイへ行きサンドウィッチを昼食に食べた。今度もベーコンやサラミを沢山トッピングすると10ドル以上になった。

この街は世界遺産に登録されているブルーマウンテンズ国立公園に隣接している観光街だ。眼下にはユーカリの群生が広がり日本にはない圧倒的な風景が臨める。ユーカリからの油分が揮発して青みがかって見えることからこの名が付いたらしい。更に崖沿いを歩く事ができるコースもあるので40分程歩いてみたが結構楽しい。スリーシスターズという奇岩が見える。ドローンで空からのアングルを撮影した。

今回のオーストラリア自転車旅ではドローンを持参してきたので、このカトゥーンバでも迫力のある写真、動画を撮影することができた。オーストラリアはドローン先進国の一つでルールが明確で遵守しやすい。

本来買物にあてる日だったが、軒並み閉店でやることも無いのでホステルに戻り、水道水をガブ飲みして一眠りした。夜には自販機でコーラを買い氷で冷やして飲んだ。それにしても自販機で同じ商品が違う値段で売っているのはなぜだろうか。

12月26日はボクシングデーという祝日だ。クリスマスで頑張った使用人を休ませるための祝日らしい。バーゲンセールの日でもあるので昨日までとは打って変わって店がオープンしていて商店街に活気があった。

旅に必要なホワイトガソリンや燃料用アルコールを入手したかったが、飢えていたので食料を真っ先に買ってきた。食い切れそうな量で売っていたラム肉を購入し、シンプルに野菜と一緒に焼く。キッチンには色々な国籍の人が居て、朝～夕まで常に誰かしらは調理している。国によって違う料理風景は見ているだけでも

世界遺産ブルーマウンテンズ国立公園、スリーシスターズをドローンで撮影。

楽しい。

昼過ぎには昨日に続き、再びブルーマウンテンズを見学しに行った。長いようで短かったカトゥーンバの三泊滞在もボクシングデーで終了になる。翌日から自転車旅再スタートだ。

野生動物に怯えた山キャンプ

2018年12月28日

ブルーマウンテンズ国立公園を出発してオレンジ(Orenge)というオーストラリア内陸の街に辿り着いた。シドニーから300キロほどの場所だ。この年のオーストラリアは記録的な猛暑で道路上で脱水で死にかけた。街間の距離が長いし、日本のようにコンビニがあるわけではないのだ。

街に到着後、干からびる寸前でガソリンスタンドに駆け込み、炭酸飲料を購入して飲み干した。だんだんと走行後の炭酸飲料が病みつきになってきた。商店街の方を見ると白熱灯のぼんやりとした暖かみのある光で包まれている。時刻は21時前で宿を探す余裕もないので値段は高いがモーテルを利用することにした。モーテルは宿泊する部屋の扉の前まで車やバイクで乗り付けることができる。もちろん自転車も大歓迎で部屋内に自転車を入れることができるのが何より楽だ。盗難の恐怖に怯える必要がなく、荷物を部屋に運ぶ手間もない。このモーテル、日本では俗に言うラブホが形式的に該当するのだろうがオーストラリアでは至って普通の宿泊施設である。

シャワーを浴び、近くにあった大手フライドチキンのKFCで食事をしながら、明日のことを考える。この街の近くにはカノボラス山（Mt Canobolas）という山があり、その山中にはキャンプ場があるので、そこで一泊過ごしてみよう。

翌朝、目が覚めるとスーパーで食料をいつもより余分に買い、カノボラス山を目指して出発した。街を抜けて登りに入ると、相変わらずの酷暑で水をどんどん消費する。積水量を増やしたのに不安になってきた。山道でも相変わらずアップダウンが激しい。一度降りたら勿体無いと考えないのだろうか。

それにしてもこの山道は斜度が尋常じゃない。古い軽自動車なら登れるか怪しいレベルだ。高重量の自転車で登坂するのは不可能だった。小柄な女性を一人引っ張り上げてるようなもんだ。

近いと思っていたが大変な道のりだ。下を向いたまま自転車を押しているとガサガサと道路脇で物音がした。顔を上げると灰色の蛇が退散していく姿だった。オーストラリアでは「蛇＝毒蛇」だと思っていい。しかも超強力な毒を持つものが多い。この国には毒を有している生物が多く生息している。野生の生き物には近付いてはいけない。例えば、毒蛇に噛まれ運よく最速で病院に搬送されて血清を打っても生存確率は50％だと聞いた。冗談じゃない。

誰もいない場所を延々と一人で走る自転車乗りの場合、噛まれたら一発アウトだ。そう考えると急に、山キャンプが不安になってきた。後で知ったが、この時に出会った蛇は「ブラウンスネーク」といい。オーストラリアでも特に毒性の強いかなりヤバイ蛇だった。

キャンプ場に到達したがイメージと違う・・・管理人のいないキャンプ場で草が生い茂っているし、何より他の利用者もいない。欧米人はキャンプが好きでサマーシーズンなんてどこでも人でごった返していると思っていたが偏見だったようだ。人気の場所だと思ったのだが。オーストラリアでも筆者は世間ズレしているようだ。

設備的にはバーベキューコンロがあるのだが、蜘蛛の巣だらけで使い物にならない。オーストラリア全土、至る所に無料の立派なコンロがあるのだが、埃や砂だらけでとても使用できる状態では無いのが非常に勿体無いと思う。トイレもあったがいろんな意味で怖くて確認しなかった。雨水を溜めているであろうタンクに蛇口が付いていたが使用した形跡もなく、こちらも期待できなそうだ。

テント設営の場所を決めて付近に荷物を降ろした。既に時刻は15時を過ぎていたが、お目当ての滝を見に行きたい。日は長いので暗くなる前に帰って来れるだろう。キャンプ場からは滝にアクセスできるルートが延びているのだ。他に誰も居ないとはいえ自転車と荷物を置いていくのは少し不安だ。貴重品はもちろん、野生動物も怖いので水と食料は全て持って出発した。

林道で気がつくのは焦げていたり炭になっている木や倒木が多い事だ。オーストラリアと言えば山火事だが、この光景を見ると本当に多いのだなと実感する。外皮だけ焦げて立派に成長している木を見ると、過酷な環境に適応する様子を直に感じ取れる。野生動物のフンも道の中央にあるので普段から人の往来が少ないのだろう。

この山道すらロクに管理されていないようで倒木や草が生い茂っている。やがて小さな川が見えてきた。日本の渓流というイメージではなく水量も多くない。方角的にこの川の水が滝になるようだ。川の水を煮沸し飲用にでもしようとも思ったが、流量が少なく汲むのが大変なので諦めた。この時点で残りの水量は2リットルと少しくらいで無駄遣いはできない。既にこの山中で結構な量の水を飲んでしまっている。

手すりがある急な岩場を抜けるとフェデラルフォールが姿を現した。轟々というわけではなく、水がシャワーのように降り注いでいる滝だ。インパクト的には少し拍子抜けしたが、水の代わりに岩肌が目立ちこれはこれでいい雰囲気だ。服を着たまま天然のシャワーで自転車と山行の汗を洗い流した。連日40℃近い気温が続いているので水浴びだけでも生き返る。不均一に体を打ってくる水は冷たかった。

滝の内側に入れるようになっているので岩の中に入って内側から滝を見れるがこれも趣深い。外に出て再び滝を眺めると水しぶきが変化している。水の落ちる経路が定期的に変化するのは水量が少ないためだろう。

大きな誤算が一つあった。靴である。今回用意したのはメレルのカメレオンというモデルなのだが、濡れている場所だと本当によく滑る。購入時にも箱の中に「滑るので気を付けて下さい」との注意書きがあったので公認で滑るようだ。水場では本当に危険すぎる。

山中苦労しながら持ってきたドローンを飛ばす準備に取り掛かった。離陸ポイントは岩の上にしたが、GPSがなかなか入らない。滝がGPSの電波を遮断しているのだろう。マニュアルモードで離陸し、少し滝から離れて高度をあげて空中で必要な数のGPSをキャッチしてからGPSモードに切り替えた。滝に近づけるとGPSが切れてしまうので撮影が難しい。少し撮影してもすぐに姿勢不安定の警告が出る。ほぼ未開の場所と

フェデラルフォールで水浴び。

言ってもいいこんな場所で墜落させたら絶対に回収は不可能なので、直ぐに着陸させる事にした。着陸ポイントは狭いが、なんとか着陸できた。価格にして２０万円ほどのドローンなので緊張もする。

別ルートで帰路に入ると３０分程であっという間にキャンプ場に到着した。その時、二人の子供を連れている白人の夫婦とすれ違った。キャンプ場以降では初めて人と会う。

彼らは、これから滝を観に行くらしいが既に時刻は１７時過ぎで暗くなり始めていた。オーストラリアのこの時期の日没は２０時過ぎなのでまだ明るいが入山には遅い気がする。しかも女性の方はショーパン生足スタイルで日本だったら即ネットで叩かれるほどの山に不向きなセクシーショットだ。オーストラリアの山は日本よりもバカ（植物のほう）が凄い。くっついて、しかも痛いのだ。その辺の草花も繊維が強く触れる角度によっては痛いレベルだ。（後に気がつくのだが、実は生足の方がバカがくっつかなくて済むので非常に楽で、痛いのも靴下に引っかかって刺さるためだ。なので靴下もない方がいい。）不安ながらも彼らを見送った。

今回オーストラリアに持ってきたテントは特殊で、木にくくりつけるツリーテントのテントサイルというものを使用している。英語圏ではハンモックテントと言うと説明が楽だ。というより、「ツリー（tree）」の発音が難しいので伝わらないのだ。

従ってこのテントは浮いているのでテント下と地面の間にはスペースがある。その部分に自転車と荷物を置くことができるのだ。雨が降ればそれを防いでくれるし、自分の真下に置いてあるので荷物の盗難などにも効果的だ。突筆すべきは虫と野生動物の襲来にも強い点、公式に「ゾンビにも強い」と表記されているだけのことはある。そのため、食料は必ずテント内に保管していた。

時刻は20時で夕暮れが近い。例の夫婦がまだ帰っていない。他に道はないのでこのキャンプ場に戻ってくるはずだ。もしもの時は少ない水や食料を分けねばならないので食事もしないで待っていた。

太陽が消え、辺りは残光だけで薄らと視認できる程度になった。外灯などはないので本格的に夜になったら危険すぎる。仕方ないのでライト片手に捜索に行くことにした。自分自身が怪我や遭難する二次被害は怖いのだが子供がいたからな・・・。

しかし、その夫婦は直ぐに戻ってきた。旦那は一人を肩車し、奥さんは寝ている子供を抱いている。しっかりと滝まで行って来たらしく物凄く興奮していて、こちらの心配はなんだったのか、これには呆れて関心してしまった。どこの人かは聞いていないが欧米人のバイタリティーと豪脚には舌を巻く。ショーパン生足とか言ってごめんなさい。

「探しに来てくれてありがとう。寿司って美味しいよね。」と夫婦に別れを告げられ、真っ暗なキャンプ場に再び一人になった。着ていたものはその辺に適当に干して着替え、蜘蛛の巣だらけのテーブルベンチに腰を掛けた。アルコールストーブを灯しレトルトのミネストローネを鍋で温めて食べ、スーパーで購入したイチゴを頬張って夕食は終わりだ。荷物が多く食料も満足に積めない。荷物を減らすかバックを増設しなければ

テントサイルの真下に自転車を倒して置いている。

いけないと感じ始めていた。暗過ぎて何も見えないので食器やゴミも風で飛ばないようにテーブルに放置し、そのままにテントに引き返して寝る事にした。

テント内でライトを消してしばらくすると・・・何かがキャンプ場に接近している足音を感じて緊張が走った。

「動物か？」

気配からは結構な大きさを感じる。狸のようなサイズではない。テーブルに食べたゴミがそのままなので呼び寄せたのかもしれない。僅かな音に耳を澄まして集中する。

「人かな？」

こんな時間に山に来るには必ず車が必要なはずだ。しかしエンジン音はしなかった。つまり人だったら「本当にヤバい奴」じゃないか。身体中から汗が噴き出た。

「ガサッ。」何かがテントに近づいている。

5メートル、4、2、1・・・。ほぼ真横にそれはいる。野生動物も怖いが、一番怖いのは人だ。足音の雰囲気からは人の可能性を捨て切れない。そっとテント内でナイフを握り締め、腹に納めた。

「猪だろうか？」

などと考えるうちに鳴き声が近くで響いた。人ではないようだが生きた心地がしない。トイレに外に出るのも怖いので、空のペットボトルに用を足し、入口のファスナーを少し開けて外に落とした。ここは「キャンプ場」ではなく「野生動物のテリトリー」なのだということを認識した。寝た姿勢で鯉口を切り、ナイフの刀身を少し出して息を潜める。

そのままどれくらいの時間が経過しただろうか、5分だったような1時間位だったような気もする。いつの間にか謎の中型哺乳類も去り、静かな夜が訪れた。どうやら彼らは縄張りを侵したヤツの偵察にきていたようだ。緊張の糸が緩むと一気に眠気に襲われて意識が飛んだ。

翌朝は冷気で目が覚めた。テントの中ではエアマットを敷かずに寝ていたのでこうなった。このカノボラスキャンプ場は標高１３００メートルもあるので朝方は冷える。多少寒い時もあるがオーストラリアの夏場はマット無しでも寝れそうだ。

夜間には野生動物も多数来訪し恐怖のドン底に陥ったが明るくなればこっちのもの、勇んでテントの外に出ると、傍の林の中にはこちらを見つめる動物の姿があった。その動物はオーストラリアの象徴でもあるカンガルーだった。生きているカンガルーを見たのはオーストラリアに来て初めてだ。（車に轢かれたであろうカンガルーの骸は道路脇で沢山見た。）

カンガルーが飛び跳ねて移動している足音が四足動物のそれと異なり、サイズ（体重）感的にも人間に近い気がするので、これでは人と間違ったのも無理もない。意外なことに、直ぐに逃げたりもせずにこちらの様子を伺っているのでよく観察することができるが、こちらも飲み水不足でモタモタしてられない。カンガルーに構わず荷物を纏めて街への帰還の準備をした。机にブチまけておいたアルコールストーブやゴミ、クッカー類が荒らされたり野生動物に持っていかれた形跡はない。再びオレンジの街を目指す。

思い返せば登坂、蛇、山歩き、滝、テント泊、カンガルーとカノボラス山では濃い経験ができた。

湖のキャンプ場で年越し

2019年12月30日

下山後にオレンジの街を経由してから更に内部を目指した。この日は特に天気が良くサイクリング日和となった。青空の中に雲がドラスティックに動いていたのを覚えている。雨が降ったのか少し蒸し蒸ししていたが晴れてからは鍋の蓋を開けたように湿気が逃げ、気温は高いのだが気持ちがいい。追い風も受け、アップダウンをものともせずに自転車はスイスイと進んだ。しかし、快調なペダリングも後輪から発する鈍い音でブレーキを掛けることになった。オレンジのアウトドアショップで買ったばかりのウォーターバッグが後輪に巻き込まれている。そして水がゆっくりと漏れているではないか。40℃を超える猛暑の日々、殺人レベルの日光、そんな環境で自転車を漕いでいるのだ。水は何よりも大事な生命線であり、輸送手段の不能は緊急事態だ。この日は走行距離を稼げると思ったが、早めに走行を切り上げて補修作業をする必要がありそうだ。

オレンジから50キロ程に位置するモロング（Molong）という小さな村に滞在することにした。端から端まで自転車で5分くらいの本当に小さな街だ。その街にもモーテルがあったのでチェックインした。料金は一泊100ドル（当時で8000~9000円相当）だった。

自転車旅というとテント泊や野宿をして出費を抑えるイメージがあると思うが、全ての自転車ツーリストがそうではない。筆者の場合、面倒な時などは直ぐに宿に宿泊してしまう。特に今回のように修理が必要になったり、機材トラブルがあったら容赦無く金を払って泊まるスタイルだ。別に資産家なわけでもなく今後の生活を考えたら経済的に全く余裕も無いのだが、性格なのだから仕方がない。日本を旅していた時もこんな感じだった。今回のオーストラリア自転車旅の全工程における部屋泊まりとテント泊の比率は丁度半々だった。その代わりに、かなり走るけどね。

泊まる部屋はベッドが三つもあるファミリールームだ。テレビ、電子レンジ、電気ケトル、冷蔵庫、食器類などは一通り揃っている。一番大きなダブルベッドに服をぶちまけてそのままシャワーを浴び、着替えをして電子機器類を充電した。

日本であれば夜までゆっくりできるのだが、オーストラリアの地方のスーパーの営業時間はそこまで長くはない。夕方の5~7時で大抵は閉まる。早速徒歩でスーパーまで行き食料を買った。帰ってから外にあるバーベキュースペースでガソリンストーブ（MSR：ドラゴンフライ）に火を灯し、フライパンで豚肉を焼いて塩を振る。炭酸飲料のレモネードをラッパ飲みしながら肉を頬張り、トマトを丸噛りした。冷たい炭酸が喉を貫く感覚は病みつきになりそうだ。いい大人はビールを選択するのだろうが飲酒の習慣が無いので専らジュースだ。ちなみに、旅が終わるまで大量のコーラを飲むことになるが、虫歯などには一切ならず、帰国後、歯医者からは歯の状態を褒められたほどだ。気にかけて歯磨きをしていてよかった。

さて、肝心のウォーターバッグの修理は難航した。スーパーで購入した接着剤とビニールテープを駆使するが破損箇所が段差になっていて上手に被覆できないのだ。しかし、ゆっくりとしたペースで水が染み出してくる程度の修理はできたので実用には足る。疲れもあるし明日も走るので寝ることにしよう。

２０１９年１２月３１日

モロングのモーテルで目覚めてシャワーを浴びた。冷蔵庫に入れていたハム、チーズ、フルーツ、パンで朝食を済まし、インスタントコーヒーを飲む。空いたペットボトルに水道水を詰めて荷物をパッキングして出発の準備を整える。チェックアウト時にルームキーを返すと「ハッピーニューイヤー」と言われ、改めて２０１８年の大晦日を実感した。既に曜日と日付の感覚がなくなってきている。

次の街はウェリントン（Wellington）という街だが、逸れた場所にある湖へ行くことにしていた。そこには設備のしっかりしたキャラバンパーク（キャンプ場）があるらしいので年末年始をそこで過ごすことにしたのだ。というのも年末年始は店舗の休業が読めないので街にいても何もできない可能性がある。クリスマス時期にカトゥーンバで経験した事態は避けたい。しっかりと管理されている大きなキャンプ場であればオープンしているだろうと考えた。

目的のバレンドン湖（Lake burrendong）へは幹線道路を外れて田舎道を走って向かうことにした。距離にして約６０キロだ。この日も相当に暑く、走行中に見える景色は端の見えない牧場だけ。たまに車が走るだけだが、自分にはこういう道の方が性に合っているのかもしれない。

休憩中に周辺を上空からドローンで観察するが何もない。ここでドローンの機能の一つの自動で被写体を追っ掛けて撮影する「アクティブトラック」を試してみる事にした。

送信機と接続されたスマートフォンに映る自分をタップしてロックオン、送信機をそのままにしてザックへ入れて、ペダルを漕ぐとドローンが後方から追従してきた。空気を裂くプロペラ音でドローンが近付いてくるのが分かるのだが、実際に追跡してきているのかが不安になって、後ろを振り向いて確認してしまう。調子に乗って「追跡＋旋回」モードにすると、被写体から一定の距離を取って回り始めた。こんな事もできるのかと思っていたら、

「バギィ」と嫌な音がした。

振り返ると、ドローンが木に衝突してしまっていた。旋回半径と障害物の位置関係の認識が甘かったのと早いスピードで動いていたから対物センサーが機能しなかったのだろう。初のドローン自損事故でショックを受けながらも木に引っかかって落下破損していないのは不幸中の幸いだ。

回収せねばならないのだが、ドローンが引っかかっている位置は地上から4～5メートルはある。かなりの木登りテクが必要だ。自分が落下して骨折したら旅も終わってしまう。オーストラリアに来て木に登ると「何をやってんだろう。」と一瞬思ってしまった。蜂、蛇、その他生物がいないか確認しながら更に登る。いいトコまで来たがまだ届かない。もっと腕が長ければ。更に登りたいが枝が細くなってきているので危険だ。粘りのある丈夫な枝ではなく、柿の木のような枝で不安だ。最新の注意をしながら上手く四肢を使って体重を分散させながら登った。

無事に回収し地面に降りて確認するとプロペラの損傷だけで済んでいる様子だ。予備に変えれば大丈夫そうである。実は今回の旅でこのドローン（DJI製 Mavic2 zoom）というのは大変な荷物になっている。自転車ツーリストは只でさえ荷物事情が肉薄する。それは積載量が制限されて人力で運ばなくてはいけないからだ。更にテントサイルという普通のテントと比較したら大型のハンモックテントも持っている。自分で選んだのだが合理的とは言えない。

自転車走行中にドローンで自動撮影。

途中にあったスチュアートタウン（Stuart town）という小さな街で昼休憩をする。誰も居ない公園で一息つくだけだ。冷たいドリンクを飲みたいが、年末だからなのか村唯一のパブは閉まっている。持ってきたパンにピーナッツバターをたっぷり塗って食べた。ピーナッツバターの塩分が嬉しい。

キャンプサイトの看板には「Closed」という不吉な文字が表記されている。と言っても後戻りする体力や物資がない。見ない様にして受付オフィスに行くが、案の定「受付できません。」と言われた。正確にはキャンプ場はオープンしているのだが、年末年始の１２月３１日と１月１日は新規受付をしないらしい。ところが、途方に暮れていたら哀れに思ったのか特別に受付をしてくれた。日本では考えられないがこういう人間味のある優しさはいいところだと思う。まあ追い返されても補給がないと自転車乗りは死ぬもんね。この国では。マジで。

キャンプサイトの受付で二泊分の利用料２０ドル(当時で約１５００円)を支払った。選択した一番安い「電源なし（Unpower site.）」は該当エリア内で好きな場所にテントを張って過ごすことができる。「電源あり(Power site.)」は値段が高く自転車乗りには必要ないだろう。コンセントが使用できてキャンピングカーやキャビンなど電源設備を有している人向けである。充電はトイレシャワー室やキッチンなどのコンセントで充電すればよい。

敷地内の地図を見ると広大なキャラバンパークだということがわかる。電源なしのエリアまで徒歩で１５

～20分はかかる。トイレシャワーは点在しているようだ。まずは売店で冷たいチョコレート飲料とベーコンエッグロールを注文した。チョコレートは強烈に甘い。最初に脳に響き、徐々に舌から伝播して体が甘さでぶっ壊れそうになる。日本の感覚では想像できないほどに甘かった。運動後でも無理だと判断したので、これ以降飲まなかった。ベーコンエッグロールは「ベーコンエッグバーガー」と言った方が日本人にはイメージがつくかもしれない。バンズにベーコンと目玉焼きが挟まっているシンプルなバーガーだがこれがうまい。サクッとトーストしてあるバンズに厚みのあるベーコンと半熟の卵焼きが見事にマッチしている。ベーコンの塩気と黄身のマイルドさ、そしてBBQソース(を選択した)が絶妙だ。

次はテントの設営場所を探す。目立ちたく無いので湖側というよりも山林の中に決めた。トイレ兼シャワーが近いのがメリットだ。支点となる三本の木を決めて設営に取り掛かるがアリ、ダニ、ハエ、蚊と虫達のオンパレードだった。少し雨の予感もするのでフライシートをしっかりつける。歩いて売店へ戻り、水とコーラ、オレンジジュース、ポテトチップスを購入して戻る。ポテチとドリンクを飲んで、歯を磨き、シャワーを浴びた。こんな広大なキャンプ場を管理して暖かいシャワーのインフラもあるとは、さすがキャンプ大国である。体を酷使した後に浴びるお湯には本当に助けられる。テントも設営してしまえば宙に浮いているわけだから、虫にはめっぽう強い。蚊帳にもなっているので飛んでいる虫も入ってこれない。体に停まっている虫をしっかり落としてテントに潜り込み、寝袋に包まった。

2018年の締めくくりが南半球で、1ヶ月前には名前も知らなかった湖であるというのは不思議な気持ちだ。明日には新年である。

2019年1月1日

キャンプ場で迎えた新年だったが、移動の予定はないので体のリカバリーにあてることにした。特にやらなければならない事もないので湖を眺めに行く事にした。

山の斜面を下りて湖を眺められる場所へ向かう。湖では湖水浴をしている人はおらず、音楽を掻き鳴らしてモーターボートをかっ飛ばしたり、ウェイクボードを引っ張ったりしている。そして、湖を眺めていたその場所が絶好のテント設営位置という事に気がついた。支点に丁度良い木があって、おまけに眺めもいい。

苦労して設営したテントをまたバラして移設するのは面倒だが、思い切って移設する事にした。折角だし積極的に楽しまなければいけない。三往復くらいして全ての荷物を運び、テントを移設した。良かった事は他にもあって開けた場所だからか虫が少なくなった。

ボートなども当然持ってないし、湖水浴の気分でもないのでドローンで遊ぶ事にした。昨日に木に衝突させてから初の飛行なのでダメージがないかを確認しなくてはならない。プロペラを予備のものに交換して電源を入れる。

墜落したら完全に破損してしまうのでフライトには緊張したが目の前で飛行させてみたところ問題はなさそうだった。

障害物もなく距離も伸ばせるので、そのまま水上を飛ばす。空から眺めると対岸の岸の森の中に建物があった。こちら側からは木が邪魔して見えないが空からならわかる。誰かの別荘だろうか。空撮のような格好いい動画にはならないが、ただ飛ばして、なんとなく見るのが楽しい。ドローンの無事も確認できて不安が一つ解消した。

腹が減ってきたので売店へ向かった。今度はフードメニューでワーカーロール（Worker roll）というものを注文した。おそらくハンバーガーだろう。待つこと数分、素晴らしいボリュームのハンバーガーが出てきた。価格は10ドルだったが、日本なら倍くらいの値段はしそうである。軽めにトーストされながらも柔らかさの残るバンズに挟まるのは、しっかり塩味の効いたベーコンとパティだ。その下にはトマト、レタス、ビートの野菜群。ビートは日本ではあまり使われない食材だがこれが美味い。確かな歯応えで存在を示すも、味はかなり控えめで、わずかに甘みがあり全体を上手く支えている。まさに縁の下の力持ちだ。日本に帰ったらビートが手に入るだろうかと悩んでいる自分がいた。大き過ぎて綺麗に食べれず、手がソースまみれになったがハンバーガーの醍醐味だろう。

テントへの帰り道ではカンガルーに遭遇した。このパーク内にもカンガルーが普通に生息している。人に危害を加える動物ではないので問題ないのだろう。

歯磨き、シャワーを済ますともう夕方だが、日の入りが20時過ぎのため、まだまだ明るく日差しが強烈でフライシートを被せたテント内はサウナ状態だ。それでも、翌朝の食事やテントの撤収、荷物のパッキングなどの段取りを組んいるうちに時間は過ぎ、日が暮れてテント内へ入ると耐えられる暑さになっていた。そして乾燥地域はここから数時間で一気に気温が落ちる。明日は移動日だが、水がないので売店で買わなくてはいけない。つまり売店オープンの9時迄はキャンプ場を出発できない。今日中に水を買っておけば良かったと思いながらもパソコンを閉じて就寝した。

夜中には風が吹き、フライシートがバタつく音で目が覚めた。フライシートを固定していたロープが外れたらしい。そのままにしていたら音が気になってどうしても寝れなかったので、テントの外に出て再度フライシートをしっかり固定し、今度こそ朝まで寝た。

格闘技ジム訪問

2019年1月2日

レイクバレンドンキャンプ場を出発する朝がきた。

売店のオープン30分前には店の前に到着してスタンバイできた。嬉しいことに荷物のパッキングにもかなり慣れてきた。オープン直後に水4.5リットルを購入し出発した。まずは30キロ離れたウェリントンへ向かおう。

30キロくらいの距離なら慣れたもの。問題なくウェリントンに到着するとまずはスーパーマーケットへ向かった。まずはというか、それくらいしか街に用事はない。トマト、イチゴ、アボカド、ヨーグルト、ハムを購入して近くの公園で食事をする。10時半だったのでお昼前の栄養補給だ。消費した分の水も補給して出発だ。更に50キロほど走りダボー（Dubbo）という街に到着した。街の看板にはサイのモニュメントがあるがサイはアフリカではなかっただろうか。いるの？

郊外には大きなショッピングモールがあるしマクドナルドもKFCもあってオレンジよりも大きな街の様だ。

ビジターセンターという観光案内所へ行き宿泊場所を探そう。案内によると一泊50ドルの宿泊施設がこの付近にある。バックパッカー向けのホステルより相場は高いがこの街では最もリーズナブルだ。こんなところにバックパッカーの若い旅人はほとんど来ないのだから宿泊費が高いのは仕方がない。そういう場所を訪れることこそが自転車旅の最大の魅力でもある。そのホテルまで行ってみると外観はバーとレストランで一見すると宿泊施設っぽくない。

ダボーはやはり大きな街で必要な物は一通り買えそうだったので装備を整える為に三泊することにした。三泊の料金は180ドルと事前情報と多少ズレがあって拒否反応が出そうになったが、逆にピッタリに揃えてくる日本が変なのかもしれない。

部屋は二階になるが自転車を部屋に入れてもいいとの事で自転車と荷物を部屋へと運んだ。日本だといざ知らず海外では怖くて外に物を置けない。メインストリートが近く、歩いて数分の距離にスーパーマーケットもあるので自転車に乗る必要はなさそうな良い立地だ。

部屋はテレビが壁に掛かっていてトイレとシャワー付きだ。そのシャワーのヘッドが壊れていてテープで固定されており触ったら簡単に外れてしまった。それと、ベッド脇にある引き出しを閉めても開いてしまう。部屋が斜めになっているのだろうか？他にもエアコンの電源をオフにできない等の難点も多いが、いい部屋で落ち着けそうだ。

夕食は手作りのハンバーガーを作ろう。スーパーマーケットでバーガー用の食材群を購入してきた。オリーブオイルを敷いたアルミパン（MSR製）

出来上がった自作ハンバーガー。

でオニオンを炒め、空いているスペースでベーコンとパティを焼いた。いい感じに焼き上がったら、それらをフライパンの隅に移動させ、できたスペースにバンズを投入した。オリーブオイルと肉の油でしっかりとバンズに焼き目をつける。この間になるべく火力を落とさないのがポイントだ。バンズをフライパンから取り出し、今度はそこに卵を落として目玉焼きにする。目玉焼きは両面を焼き上げるが黄身は完全には固めないと尚いい。

食材が仕上がったら重ねていく。ベーコン、卵、スライスしたトマト、パティ、オニオン、チェダーチーズ、最後はフライパンに残った油を染み込ませて焼いたバンズでサンドすると、素晴らしいボリュームの自作ハンバーガーが完成した。

筆者はそこまで食材を持てないタイプのサイクリストなので、その鬱憤を晴らすように一気にかぶりつく。パティと自分でカットした分厚いベーコンを歯で引きちぎると肉汁が溢れ出した。塩も胡椒も振っていないが十分な味だ。とんでもない量だったがペロッと食べ上げ大満足だ。不味い訳がない。

レタスも入れたかったが量的に三日で食べきれる自信が無かったので今回はスタメン落ちさせてもらった。ビートも挑戦したかったが他のメニューへの転用が思い付かずに今回は未購入だ。

更に食後にはハーゲンダッツアイスクリーム（キャラメルビスケットクリーム味）のパイントサイズにスプーンを突き立ててゆっくりと食べる。とんでもないカロリーを摂取しているが、どうせ自転車で全て燃え尽きるので問題ないだろう。自炊で腹を満たしダボー到着日は終了した。

実は、この調理は室内のシャワー室のタイルの上でやってしまった。ほとんどのホテルで室内調理はご法度で罰金もの。軽率なことをしたと反省している。二回目以降は近くの公園のバーベキューエリアで調理をした。キッチンの無い部屋での調理は絶対真似してはいけない。火事になったら大変だ。

ダッボー二日目の朝が来た。この日は不要品を国際便で日本へ送らなければならない。持って来たが実際は使わない道具が発覚してきたからだ。自転車ツーリストに不要品を持つ余裕は全くと言っていいほどない。不要品は計2．5kgほどにもなった。冬服、フライパン、プリムスのガスバーナー、ドローンバッテリーの充電ドック、マックブックの充電器、座椅子などだ。

日本の郵便局のようなオーストラリアンPOSTへ向かった。2kgタイプの国際発送用の袋が売っていた。店員に梱包サイズに制限があるのか聞いてみたが、厚みの制限などは無く、袋に入れれば良いらしい。これは便利だ。

不用品リストの中で「座椅子」だけ袋に入らなかったので仕方ないがゴミ箱に捨てた。それ以外を袋にパンパンに詰め込んでカウンターで送料5000円を払って発送手続きを完了させた。すると早速「ダボーのPOSTで処理したよ。」という内容のショートメッセージをスマホが受信した。どうやら伝票に記入した電話番号宛に荷物の状況をSMSで送ってきてくれるサービスの様だ。このサービスはとても便利だと感じた。日本でも電話番号を書かせるのならこれくらいはやってほしい。

グーグルマップによると、この街には総合格闘技のジムがある。ポレットマーシャルアーツセンター(Pollet's Martial Arts Centre）という名前のジムだ。偶然にも宿から歩いて10分の近さだったので行ってみよう。

受付の女性に話をして無事に見学をさせてもらうことになった。シャドーでアップしてテイクダウンと寝技を少し、最後はケージでマススパーをしていた。このジムはケージ、リング、マットがあってとても広い。日本でここまで設備が用意してあるジムは聞いたことがない。

スケジュールを確認すると、この後の18時～19時の予定に「No-Giグラップリング」と書いてある。一緒に練習できないか確認したらオーケーだというので着替えて待つ。他の参加者達と一緒に準備運動をしてスパーリングを開始した。第一印象はフィジカルが強い。相手が元気だと「極め」が難しい。押さえ込んでいてもブリッジで返されてしまった。自分の未熟さも痛感したが久しぶりのスパーでも結構動けたので驚いた。日本で練習していた時と同様な形から有利なポジションを奪われる場面もあったので、単純に自分のウィークポイントだったのだなと認識できた。攻撃面では通用する技やタイミングがハッキリしてきた。同じ相手とでマンネリ化した練習では気がつきにくい部分を俯瞰することができたのは大きな収穫だ。

「自転車でシドニーからここまで来た。」と言うと皆が驚いた。確かに他の自転車ツーリストを一切見ていないので本当に珍しいのだろう。

19時を過ぎていたが外はまだ明るい。練習着のまま帰路につく。部屋まで10分というのは丁度いい距離だ。夕暮れなので気温が少しだけ下がっているのが気持ちいい。やはりジムワークを入れるととてもスッキリした気分になる。自転車ボトルの水を飲み干す。汗が乾いた頃にホテルに到着した。

シャワーを浴びて練習着を洗濯して部屋内に適当に干す。これで乾くのだから簡単だ。丁度良い疲労感でベッドに横になるのは最高の気分だ。乾燥した気候もあるのか味わったこともない心地良さのままベッドで眠りについた。

翌日も出稽古に行かせてもらった。キッズ柔術を横目に昨日も一緒だったトムがパートナーとなって練習した。トムは筆者のプロフィール画像をネットで検索してきていたので驚いた。英語でも検索できるのだろうか。

トムは身長が180センチ以上ある大柄な選手だ。筆者とは2～3階級も差がある。体躯に似合わずフットワークが軽快で中々捕まえられなかった。打撃がいい選手とインストラクターが言っていた通り当て勘がいい。リーチが全然違うのだが容赦なく撃ってくる。

トムはUFC（アメリカの総合格闘技）を目指して頑張っているアマチュアのファイターだ。4年掛けてUFCへ行くと意気込んでいる。目標までの年数も決めているのが凄いと感心した。

「次はいつ来る？」と聞かれたが明日の出発を伝えると、一緒に練習できてよかったと言ってくれた。どこの国でも目標に真っ直ぐな人は魅力的だと感じた。

ホテルに戻った後に折角なので出歩くかと夕暮れの街に繰り出した。ケバブを買ってベンチで食べる。野菜がたっぷりで美味しい。離れたベンチでは若者が集まって騒いでいた。

ジムワークをすると一日があっという間だ。明日はチェックアウト後に公園で朝飯を食べてからこの街を出ることにしよう。

ニューサウスウェールズアウトバック

2019年1月5日

ダボーを去る朝は公園で朝食を食べることから始まった。お馴染みのガソリンストーブで余った食材を焼いて食べる。荷造りは物を減らしたのでかなり楽になった。この部屋にも愛着が湧いてきた頃だがお別れだ。

次の街はニンガン（Nyngan）という街だ。幹線道路に出て少し走ると街はすぐに小さくなった。ダボーは程よい街でとても居心地が良い街だった。

自転車に乗っているときはひたすらに進むだけなのだ。この辺から日本には無いであろうどこまでも真っ直ぐな平坦道が続いている。時折、道路脇に出てくるパーキングには屋根付きのベンチがあって、そこで休憩ができる。ホテルの冷蔵庫で凍らせたヨーグルトにハチミツをかけて食べると、丁度いい具合のフローズンヨーグルトになっていた。

ニンガンの手前にネバータイア（Nevertire）という小さな集落が出てきた。この街にはショップがないのでミネラルウォーターの補給はできないが、体が暑さに慣れてきたのか水の消費量は徐々に減ってきているので残っている分でなんとかなりそうだ。住居はあるがあまり人の気配がしない静かな街だ。道路から逸れて、少し街に入ると公園があったので休憩することにした。この公園には何と飲用可能な水道があり、公園の中心にはスプリンクラーが芝に水を撒いていた。思わずスプリンクラーの前へ向かい、水を頭から浴びた。最高に気持ちいい。水は飲めるけどかなり薬剤臭く、無理やり消毒して飲めるようにしたという感じだ。

この日は既に100キロを走行している。この公園で野宿したいところだがキャンプ禁止の看板がある。どうしたものかと思いながらもベンチで休憩していたら、子連れの女性が車から降りてきたので挨拶をかわした。どうやら目的地のニンガンから来たらしい。そして今夜はストームだと言っていた。

「ストームだと！」毎日晴れの為、最近は天気なぞ全くチェックしなくなっていた。雨が降ってもパラパラと日本だと小雨とも言えない程度だったので油断していた。瞬く間に西から風が吹き、みるみる雲が広がってきた。時刻は16時過ぎ頃で、もうここにテントを張ることにした。これはキャンプではなくビバークなので大目に見てくれるだろう。

公園中央に三角形に木が植林されているのでそれを支点に使うことにしよう。急いでテントサイルの設営に取り掛かる。フライシートはテントを包むように対雨仕様にした。

設営中に、今度は子供が二人（男の子と女の子の兄妹）、公園前の家からやってきたようだ。

「食べ物は持ってる？」と聞いてきたので、

「パンを持ってるよ・・・それとハチミツも。」と設営しながら返答するも、
子供達は微妙なリアクションをして家に帰って行った。既に雨が降り出していて風も強くなってきている。

自転車は大きな屋根のある遊具エリアの下に固定した。

設営が間に合って安堵していると、先ほどの子供達が食べ物を持ってきてくれた。手作りのソーセージサンドウィッチと果物、そしてコーラと水を分けてくれた。なんて優しい子供達なんだ。去り際に、

「ご両親にありがとうと伝えておいて。」と言ったが上手く伝わっただろうか。

どっからどう見ても旅人の格好をしているので心配してくれたのだろう。テント内に入り、頂いたサンドウィッチを頬張る。ケチャップで味付けしたシンプルなサンドウィッチだ。コーラを飲み干し、フルーツを頂く。異国の地で触れる人の優しさはサイクリング後のコーラよりも身に沁みる。日が落ちて風も吹いているが、朝方には天気も回復しているだろう。

なんとかストームをやり過ごし、翌朝を迎えた。昨日に子供達から頂いた果物とサンドウィッチの残りを朝食にして荷物をまとめて出発の準備を整える。家へ向かって頭を下げて公園を出発した。時間的には8時が過ぎた頃だろう。補給ができる次の街であるニンガンまでは60キロだ。涼しい内に行ってしまおう。

２０キロほど進んで後輪に違和感を感じた。オーストラリアで初めてのパンクである。道路脇に自転車を停めて修理を始めることにした。タイヤをよく見ると針状になっている植物がタイヤに突き刺さっている。抜いてみるとしっかりした針になっており、タイヤを貫いてチューブを傷つけるには十分だ。パンクの原因はこの植物だろう。

　無事に修理して漕ぎ出すが２０キロくらい進んで再びパンクした。今度は前輪でまた例の植物だ。修理したホイールを草むらに置くとまた二箇所に刺さってパンクした。再々度修理して新品のチューブに交換するが空気が入らない。どうやら今度は、タイヤをホイールリムに入れる際にムリに力を込めて傷つけてしまったようだ。硬いタイヤを選択したのは大きなミスだった。パンクはするときはするので、硬いタイヤより簡単に直せる比較的柔らかいタイヤの方がいいという結論に達した。この時点で予備のチューブがなくなってしまった。ニンガンまであと１５キロくらいを自転車を押して進むことにした。１月のオーストラリアは炎天下である。

　ニューサウスウェールズ州の内陸部で、このニンガンから先のエリアをアウトバック(Outback)と呼ぶことを後で知った。オーストラリアは沿岸部から発展してきた歴史がある。なぜなら、広大な内陸部は砂漠地帯で人が住むことができないからだ。「沿岸部の内側の更に外」という意味でアウトバックと呼ばれる。街の間隔がとても広く何も無い砂漠地帯だ。

　怖さもあるが、だから内陸を目指したのだ。通常のサイクリストならば補給間隔が短い沿岸部を走るだろ

差し入れのフルーツと飲料。

う。厳しい環境だがそんな場所を走ってみたい。きっとそこには日本にはない景色があるはずだ。

ニンガンに到着したのは15時頃と余計に時間と体力が掛かってしまった。駅はあるが人の気配があまり無い小さな町だ。穴が空いたチューブを大量に修理しなくてはいけないのでモーテルに速攻でチェックインした。料金100ドルだったが仕方がない。

モーテルの隣に街唯一のスーパーがあるので食料とドリンク、そしてパンク修理キットを購入した。穴を塞ぐパッチが必要なのだ。部屋に戻り洗面台に水を溜めてチューブの破損箇所を確認しながらひたすら修理作業をした。チューブは全部で五本あり、修理箇所は複数箇所の場合もある。

この先同様のペースでパンクしたらヤバイのでスーパーに戻り、修理キットを追加購入した。修理はまだ全て終わっていないが夜も遅いのでこのまま寝ることにした。自転車旅はアクシデントがあると計画が総崩れになってしまう。

翌朝、昨夜に途中で投げ出したパンク修理を再開した。タイヤをリムに入れ込むのとチューブの補修の並行作業だ。作業を終えた頃にはチェックアウト時間ギリギリになってしまった。部屋を出たらお決まりのスーパーへ寄って食事と水を買う。水も7リットルほど積載してようやく出発したが5分で再度パンクしてしまった。次の街までは130キロも離れているのに。

近くの公園でチューブを取り替えていると、地元人らしき爽やかなオジさんが自転車に乗ってやって来て話しかけてきた。「しっかりエアを入れて硬くしろよ」「水の量は大丈夫か?」「もう一日滞在した方がいいのでは?」と助言をくれたが体力は問題なく回復していたのでこちらとしては出発したい。

再出発して道路に戻ると、脇の植物が怖いのでなるべく道路の中央寄りを走ることにした。街を出ると建物はなくなり、ひたすらに真っ直ぐな道が続く。唯一ある人工物が道路と並行して走る線路のみだ。土の色も赤茶けてきて乾燥地帯という感じがしてきた。これまでも直線道はあったが雰囲気が違う。これがアウトバックなのかと、不安とともに気持ちが高ぶった。

朝のパンクで出発は遅れたが、微風の追い風にも助けられて40キロ離れた中継地点のハーミデール（Hermidale）に到着した。バー兼ホテルでガソリンも給油できる小さな施設がある。次の街のコーバー（Cobar）までは残り80～90キロくらいだ。ここで宿泊するパターンも想定していたが体の調子が良く、この日は曇りで気温も低い。水の消費も抑えられるアドバンテージを生かして進むことにした。飲んだ分の水をバーで買い足し、コーラとパンで栄養補給をしてハーミデールを去った。道路脇の看板にはついにアデレード（Adelaide）の文字が出てきた。1000キロ以上あるらしいけど。

計130キロを走りきってコーバーに到着した。平坦区間であればこの装備でもそれなりの距離を走れることが分かったのは大きな収穫だ。街の公園には鉱山関連の建屋や機械が展示されている。このコーバーという街は鉱山都市として栄えたようだ。疲れたので今夜もモーテルにしよう。メインストリート沿いにあるモーテルへ入ると、受付の男性がコミカルに迎えてくれた。

「How are you?」と呆れながら挨拶してきたので、

「見てわかる通り、めっちゃ疲れてるよ。」と返事をした。

「日本人でしょ？　前にもいたよ、何で日本人は車ではなく自転車なんだ。」と男性は続けた。

以前もここを通った日本人サイクリストが居たらしい。自転車乗りなら同じ思考で道を選ぶ可能性が高いので、そんなに驚きもしなかった。その方はシドニーからパースという西海岸の都市まで行って戻ってきたようだ。オーストラリアの横断ルートである。

お金はチェックアウト時でいいと言われた。日本人の信用の高さだろうか。部屋に通されてシャワー、洗濯などいつもの作業を終えて、スーパーへ買物をしにいく。街並みは非常に静かで雰囲気もいい。飲食物とチェーンオイルを購入して部屋に戻った。

ディナーで話を聞かせてくれと言われていたので今夜はモーテルで食事をすることにした。ほとんどのモーテルにはレストランなどが付属しているのだ。そこで白ワインとパスタを注文する。カレー味で濃厚なパスタはとても美味しい。自転車に乗った後だからか余計に美味しく感じてしまう。

そこへ例の受付の男性が「Mad cyclist.（狂った自転車乗り）」と周りの宿泊客に紹介してくれた。そして次の街ウィルカニア（Wilcannia）までの情報も教えてくれた。距離は260キロ以上あり、ガソリンスタンドのあるロードハウスも150キロ以上先だ。調子が良ければそのロードハウスまで行けるかもしれないが、ウィルカニアまで一日では無理だろう。ちなみに既に携帯の電波は入らなくなっているので、アナログ情報を探るしかないのである。

隣のテーブルで食事をしていたオバ様も、気温が高くて非常に危険だと言っていた。とにかくノーウォーターだと繰り返し、同じような日本人サイクリストが脱水症状で死亡した事件が以前にあったと言っている。アウトバックとはそういう場所なのだ。今でこそ道路があり、街はあるが、自転車で通過することを想定されてはいない。一歩間違えれば簡単に死ぬのだろう。日本ではありえない緊張感が芽生えてくる。

食後にアイスクリームを注文し、それを食べて部屋に戻る。朝もレストランでブレックファーストを食べることにしよう。そうすれば寝る前に荷物をまとめることができてすぐにチェックアウトが可能だ。ここからが正念場だ。

朝を迎え、スピーディーに支度し終えて、食堂へ朝食を食べに向かった。もちろんお金は掛かるが、出発時間が早まり気温が低いうちに走行距離を稼げるメリットは夏場では大きい。

朝食も美味しかった。ベーコンエッグとトーストというシンプルだが、焼き目が入ったトマトも加わってアクセントになっている。しっかりワンプレートに収めてくるのもカッコいい。

あとは部屋に戻り、トイレに行き、チェックアウトで支払いを済ませて出発だ。もちろん水もできる限り積載した。街を出てすぐの看板によると次の補給路は158キロ先らしい。そこまで本当に何も無いのだろうか。日本しか走ったことのない自分の経験の範囲外である。さあ覚悟を決めろ。

大袈裟なことを言ったが、やる事は変わりない。ただひたすらに真っ直ぐな道路をタイヤでなぞる作業だ。単調な道にも慣れたのかそこまで苦痛ではなくなってきていた。この辺の地域から野生動物がやたらと増える。カンガルーは普通に見るようになっていた。

それにしても、向い風でもないのにスピードに乗れない。足が動かないのだ。前日の走りの疲労が残っているようだ。40kg近くもある車体を引っ張っているのだから無理もないか。コーバーで話を聞いた日本人サイクリストは二日間休養してから出立したという。それは正しい判断だろう。風も出てきて強烈な向い風になった。進むのがやっとでこれ以上の走行は体力的に厳しい。

タイミングよくトイレとベンチがあるパーキングスペースがあった。コーバーから100キロほどの場所になる。もう少し進みたかったが、今夜はさっさと寝ることにしよう。水の量はなんとか足りそうだ。そして停車するとハエが物凄い。目鼻口耳と容赦なく集ってきて気が休まらない。一、二匹ならともかく数十匹の攻撃となると精神的におかしくなりそうだ。

時刻はまだ15時過ぎだったが、さっさと夕食を食べることにした。米を炊飯してサーディンというイワシみたいな魚の缶詰とスパムをおかずにして食べた。食後にはマンゴーをナイフで剥いて食べる。回復のために食事はしっかりと食べなくてはいけない。歯磨きをして、17時にはテントに潜り込み、まだ明るいが寝ることにしよう。

寒気で起床したのは朝の5時頃だった。日中は暑いが朝方は寒い。これが砂漠気候の特徴なのか。テントを撤収してから朝食の準備をした。メニューは缶詰のスープを火で温めてパンを食べる。昨夜からかなりの量を食べたので荷物も一気に軽くなった。まずは水がある60キロ先のロードハウスを目指す。

昨日より足が回る。早めに休んで正解だった。直線があまりに長いと登っているのか降っているのかがわからなくなる。そんな道を進んで11時前にはエンデイルロードハウス(Emmdale Roadhouse)に到着した。悪くないペースだ。

ロードハウスとは休憩所の事で売店やガソリンの給油ができるアウトバックのオアシスだ。宿泊施設やキャンプ場も併設している場合が多く、日本で言えば高速道路のサービスエリアが一番近いと思う。キッチンもあって食事もできるので、ベーコンエッグロールとカプチーノを注文して一休みだ。

ウィルカニアという次の街までは、あと90キロもあるが、足の調子もよく時間もあるので進むことにしよう。それにしても景色が単調過ぎる。この景色に五感が狂わされている気がする。道が平坦なのか、登りなのか、降りなのかもわからない。いつもは体感する空気圧でおおよその速度がわかるのだがその感覚もイマイチだ。スピードメーターの類は装備していないのでわからない。

このルートでは車のドライバーがよく、「水は大丈夫か？」と窓越しに声をかけてくれた。水は十分に持っていたので、大丈夫だと告げる絡みが何度かあった。

やがて、大きな川に架かっている橋が見えてきた。それを渡るとウィルカニアのセントラルだ。街の規模は今まで訪れた町の中でもかなり小さい。以前は水路で栄えたとあるので川での物資輸送の中継点としての役割などがあったのだろうか。なんとなくだが、今までの街とは少し違う雰囲気を感じる。

ともあれ、野宿も入れてここ三日間で400キロとハイペースで進んだのでしっかり休むことにした。体が壊れてからでは遅いのだ。最初に目に入った街のガソリンスタンドはモーテルも経営しているようだ。コーバーのサイクリストを見習い、そこで二泊することにした。店員は若い青年で少し話したが、ほとんどサイクリストは来ないらしい。ちなみに料金は二泊で160ドルだったので比較的安い方だ。宿泊施設も少ないのでほとんど選択肢はないのだがね。

シャワーを浴びて向かいのスーパーへ向かったが閉店してしまっていた。シャワーの前に買うべきだった。痛恨のミスだ。近くにチャイニーズレストランがあると聞いたのでそこへ向かったが決済がまさかのキャッシュのみだったので引き返した。既にキャッシュは使い果たしていたので無理だ。

歩いてみて分かったのだが、この街は少し荒れてる雰囲気がある。モーテルに書いてある注意書きなどから推測するに、今までの街より治安があまり良くないのかもしれない。違和感の正体は治安の悪さのせいか。危機察知能力が研ぎ澄まされるのも自転車旅ならではだ。モーテルにしておいて良かった。

ガススタンドでローストチキンとポテトをテイクアウトして部屋で食べる事にした。手持ちの食料が全く無かったのでこれでもありがたい。アルミ箔の器の中にポテトと鳥の半身がローストされて入っていてバーべキューソースがかかっている。単調な味なのだが食べ続けると病みつきになってくるのはなぜだろうか。

そしてこの街でもスマホの電波は全く入らない。画面には「SOSのみ」と表示されている。おまけに宿には無線Wi-Fiも無いので完全なオフラインである。部屋に戻ると、壁に埋め込まれているサムスン製のクーラーの電源を入れて出力を最大にした。性能不足で部屋全体が涼しくなることはなさそうだが無いよりはいい。明日も丸一日オフだが予定も特にない。むしろ体を休めるのが仕事なので、ひたすらに食べて寝るだけだ。それ以外はブログの原稿でも書いておこう。

2019年1月11日

モーテルをチェックアウトする朝が来た。滞在しているウィルカニアからルートA32を西に進むとブロークンヒル（Broken Hill）と言う街に到着する。かつて世界最大級の鉱山都市として発展した街である。距離は198キロも離れているが、120キロ地点にロードハウスがあるので、まずはそこを目指すことになる。

起床後にいつも通りに準備をしてモーテルをチェックアウトした。水は合計で7リットル搭載している。水資源豊富な日本では考えられない事だろうが、水代だけでも2000円以上かかっている。これでは体よりも旅費の方が心配になってしまう。ちなみにモーテルの水は飲用不可だ。煮沸すれば飲めなくも無いようなのだが酷く不味いのだ。

少し進むと、また何も無い乾燥地帯になった。道路脇の植物群の背丈も1メートル以下しかない。まさに乾燥地帯という雰囲気だ。日本では絶対にありえない光景に不安を感じながらも興奮する。

途中のパーキングのトイレには黄色の箱がよく設置されている。バイオハザードマークが描かれているのが逆に現実味がない。初めの頃は毒ヘビの血清でも入っているのか、とも思ったのだが、きっとこれは使用済のインシュリン用だろう。アメリカ同様に多くの人の肥満が社会問題化しているらしいので糖尿病患者も多いのだろう。

そして、以前も記述したが休憩で自転車を止めるとハエが物凄いのだ。パーキングでは数十匹の蝿にたかられるので休憩もろくにできない。ハエが嫌なら足を止めるなということなのだ。実はこのハエどもは都市部以外では必ずと言っていいほどやってくる。鼻の中にまで侵入してくるもんだから発狂しそうになる。オーストラリアを走る自転車乗りは100%このハエの洗礼を受けることになるのだ。筆者は最終的にはこのハエ達を「マイフレンズ」と呼んでいた。

一方でラウンド（オーストラリアを旅して周ること）以外の目的でオーストラリアに来るほとんどの日本人は都市部にしか滞在しないので、このようなオーストラリアの真の姿を知る事はないのである。野生のカンガルーにも滅多に会えないらしい。しかし、これこそ、このハエこそ紛れもないオーストラリアの真の姿なのだ。

コンディションも良く、ロードハウスに無事に到着した。ステーキサンドウィッチとコーラを注文して食べたらすぐに出発する。ブロー

砂漠のパーキングをドローンで撮影。ポツンとベンチが出現する。

クン・ヒルまで残り60キロも走り切れそうである。

「チャリダー」とも呼ばれるが、他の自転車ツーリストに話を聞くと1日の走行距離は50～80キロと答える人が多い気がする。そう言った人は大抵毎日コツコツと走れる人である。それに比べたら筆者は一日の走行距離が倍以上のペースになるが、その分オフ日を頻繁に入れていくスタイルだ。数日に及ぶ集中力が持たないという理由もある。この走り方も格闘家らしい気もする。

さて、周りを見渡すと地面の砂を巻き上げ柱状になっている簡易トルネードがそこら中に発生している。はっきり言って異常な雰囲気だ。地獄にでも来たのだろうか。初めは誰かが焚き火しているのかとも考えたが、近くで発生したトルネードを見たので風による現象だと確認できた。仮説だが、砂漠地帯は遮蔽物がないため風がランダムに吹いていて、逆方向の風が衝突した時に互いに巻き込んでトルネード化するのだと思う。実際にこのトルネードエリアに入ってから、あちこちから風に吹かれるというこれまた日本では経験したことがない事態に遭遇している。風向きが不定なのだ。

ブロークン・ヒルまで残り20キロの看板があった。いつの間にか線路などの人工物も出現している。街が近いのを感じることができる。これはドラクエで街や祠を発見したような感覚に近くて面白い。スマホも徐々に電波を掴んできて着信音が頻繁に鳴っている。この場所は4G回線も使用できるエリアの様だ。オンラインになるとオフライン生活も悪くはなかったなと感じる。

ブロークン・ヒルは噂通り大きな街だった。「Coles」や「Woolworths」といった大手スーパーマーケットチェーンはもちろん。その他の店もそこそこなんでもありそうだ。さすがに200キロ近く走行したのは疲れたのでモーテルを探したが到着時間が遅かったので満室(No vacancy.)だったりチェックイン時間がオーバーしていた。

できればスーパーの近くが良かったが丘の上にある、その名もヒルトップモーテル(Hill top Motel)にチェックインすることになってしまった。自転車乗りにとっては行くのも大変な最悪の場所で料金も120ドルと高めだが、疲れで頭も回らないから仕方ない。これ以上時間が過ぎると宿なしになってしまう。

部屋に自転車を突っ込んだら、シャワールームに服を脱ぎ捨てて水浴びをしながら洗濯をした。徒歩20分くらいでスーパーへ行きフルーツとヨーグルトを購入する。街の南側にはシンボルにもなっている大きな鉱山跡が見える。現在はメモリアル施設になっている様だ。モーテルへ帰る頃には日が落ちてしまったが綺麗な星が見えている。

2019年1月12日

昨日は200キロも走っていたので体を休める為にもう一日滞在する事にした。宿泊していたモーテルはかなり高いので安い宿を探す。宿情報を求めてインフォメーションセンター(Visitor information center)を訪ねた。インフォメーションセンターはカフェ併設でトイレ、シャワーなどもあってかなり設備がいい。ソファーに腰掛け、ゆっくりと過ごしながら宿を調べる。無線Wi-Fiもあり十分使えるレベルだったので、オフライン時の暇潰し用にスマホにドラクエ7をダウンロードした。

インフォメーションセンターの向かいの公園には鉱山で使用されていたシャフトなどが展示されていて、なかなか迫力がある。オーストラリアは多くの鉱物資源の産出国だ。日本は資源に乏しい国なので鉱山都市と言われてもイメージし難いが、このような鉱山都市がオーストラリアにはゴロゴロあるらしい。

宿の目星は付けたが、まだ昼前でチェックインできない可能性もあったので近くにある鉱物博物館に行く事にした。ブロークン・ヒルでは様々な鉱石が採掘されオーストラリアの経済発展、近代化に多大な貢献をしてきた歴史がある。博物館はそれなりに楽しめた。説明欄も難しい単語ばかりだが元化学会社に勤務していた経験が生きてなんとかなった。それでも一生使わないであろう単語が満載だった。「galena（硫化鉛）」「sphalerite（閃亜鉛鉱）」「respite（タングステン鉛石）」鉱石の通称の英名など専門以外で使う日はこないだろう。

それにしても銅、銀、鉛、タングステン、亜鉛、マンガン、その他レアメタルなど本当に様々な鉱物が採掘されていたみたいで現在も一部鉱業が続いているというのがまた凄い。興味深かったのは純銀鉱石の外観が、電子顕微鏡で観察していたマイクロ～ナノレベルの外観と似ていた点だ。前職では銀を観察していた時期もあったので自然銀鉱石には少し感動した。

ちなみに展示されていた巨大な自然銀は４２kgもある巨大な銀鉱石なのだが、密輸されたものらしくこの場所で出土したわけではないらしい。「smuggle（密輸する）」この単語も関わりたくないものである。

時間潰しも終わったのでザ・ツーリスト・ロッジ（The Tourist lodge）という宿泊施設に向かった。受付は無人で３０分くらい待ってみたが人が来る気配もない。「用事がある方は電話してくれ」という張り紙に番号が書かれていたので電話する事にした。電話での英語の聞き取りは本当にハードルが高いので不安だ。

電話ではほとんど聞き取れないと思うので喋る方が楽だと思っている。こちらの要件を先に伝えたほうがいいのだ。これは通常の会話でも心掛けている。英語ができない方が先に聞き手になると理解、返答ができずに会話が終了してしまうが、英語ができる方が聞き手になれば理解できて適切な返答になるはずだ。そうすれば会話が一往復は成立する。

「宿を取りたいのですが。」とこちらから用件を言う。

「どこにいるの?」と返答して来たので、

「ツーリスト・ロッジの受付の前にいます。」となるべく固有名詞で答える。

「今から行くので待ってて。」と言われ、電話を切られた。

しばらくして、担当者と思われるおばさまがやってきた。料金は一泊60ドルでモーテルの半額だ。個室でベッド、机、エアコンのみだが共用のリビングとキッチンも広くて良い感じだ。個室のみのバックパッカーズホステル(単にバックパッカーズ、日本人は略してバッパーとも呼ぶ)という感じだ。建物内の中庭に自転車を置くスペースもある。人が少なく静かだったのは観光シーズンではないからだろうか。確かに気温は連日40℃を超えている。こちらは慣れてしまったが普通の観光客には地獄だろう。

折角なのでランチは街のカフェに入った。マダム達が会話しながらお茶をしている。ヌードルメニューがあったので注文してみたがこれが結構いける。焼きそばみたいな感じで日本人にも馴染みやすく美味しい。麺の上にのっている卵も栄養価が偏りがちな自転車ツーリストには非常にありがたい。塩っぱい味付けだったが満足だ。食後のドリンクにバナナミルクシェイクを注文した。濃厚なアイスクリームも材料に使用されているが、さっぱりしている。アラサーになると生クリームたっぷりのシェイク飲料は体が受け付けないが、このミルクシェイク類であれば飲めそうだ。

食後はスーパーへ夕食の買出しへ行ってきた。どこへ行こうとやる事は同じで単調なのが自転車旅だ。自転車に乗りご飯を食べて寝る繰り返しなのだ。久しぶりのオンライン環境でブログを書いてアップロードしていたらあっという間に夜になったので、キッチンへ赴いて夕食を作る。と言っても野菜とサーモンをフライパンで焼くシンプルな料理だ。別の鍋で米も炊く。一回使い切りのカット野菜であれば材料も残らず使いやすい。

それにしても夜だというのに暑い。この日の日中の最高気温は４３℃と日本だったら仰天ニュースになるレベルだ。しかも翌週は更に気温が上がるらしい。他の宿泊客や受付のおばちゃんにもしばらく滞在するべきだと言われ悩んだが、延泊も面倒なので予定通り翌日に出発する事にした。

ここからは定期的に街もあるようだし暑さにも慣れてきた。ここまで自転車で来たのだから大丈夫だろうと、自信も付いていた。

同じ様にルートＡ３２を走行してアデレード（Adelaide）を目指すのだが、そこまで甘いコースではないということにこの時は気がつかなかった。出発日の前日は早く寝るに限る。エアコンの出力を少し落としてベッドに入って就寝した。

２０１９年１月１３日

この日は朝から暑かった。早く出発しても涼しさの恩恵がない。そして相変わらずレセプションに人の姿はない。セキュリティ的な意味で大丈夫なのだろうかと思いながらも返却ボックスにルームキーを落として8時頃に宿をチェックアウトした。Colesというスーパーが朝からオープンしているので、そこで水を購入して出発の準備を整えた。アデレードまでの道のりはグーグルマップで５００キロほどだ。コンディションが良ければ三日くらいだろうか。（実際は六日を要した。）

街を離れると大抵は次のガソリンスタンドまでの距離を記した看板がある。自転車乗りにガソリンは必要ないがそこで水や食料を補給しなくてはならないので重要な看板だ。そして、その看板には「No gas 196km」と表記されている。

「これってやばくない?」

「また200キロ走らなきゃいけないの?」

看板の前で止まって考えてしまったが街まで戻るのも面倒だし、この日の目的地は約130キロ離れたオラリー（Olary）という街だ。グーグルマップによると宿もある。最悪ガソリンスタンドがなくても宿に入れれば死にはしないだろうと少々楽観的だが進むことにした。

やはり暑さに体が慣れてきていたのもあって水の消費が少ない。遂にこの過酷な環境に適応したのだ。俄然足に力が入る。ブローク・ヒルを出た直後は多少アップダウンもあったが平坦道ではスピードに乗れた。

オラリーが近くなってくると「SOUTH AUSTRALIA」と表記された看板が現れた。遂にニューサウスウエールズ（NSW）を走破して南オーストラリア（SA）に入ったらしい。と言っても看板があるだけだけでそれ以外には何もなく肩透かしをくらった感じだ。空を見ると灼熱の快晴の中を小型飛行機が飛んでいる。旅客機だろうか。

オラリーの街に入ったようだがとても小さい集落だ。建物も数える程度しかない。自転車を停めてホテルを訪ねるが扉には鍵がかかっている。他にホテルやショップらしきものもなければ人もいない。待っていればオープンしたりするのだろうか。

次の集落のマナ・ヒル（Manna Hill）までは20数キロあって時間にして一時間はかかる。水はなんとかなりそうだが、どうするべきか、立ち止まるとジリ貧になるので先へ進む事にした。

時折、道路脇の線路に電車が走る。手を振ると汽笛が返ってくるのが楽しい。

マナ・ヒルに到着したのは18時頃で結局は158キロも走ってしまった。距離を稼ぐのはいいのだが、時間を掛けて体を作っていかないと故障の恐れがある。走り始めてまだ一ヶ月も経過していない。膝などに痛みが出たらおしまいだ。ただでさえ超過重の荷物を引っ張っているのでオフ日を入れてはいても不安なのだ。

時間的にもこれ以上走るのは厳しい。集落には一軒だけホテルと名の付く建物があった。オープンと電飾で表示されてはいるが人の気配はない。建物の中には誰もいなかったが、机、椅子、カウンターがあった。ビンテージ系と思われる物やハンドメイド品、スナック菓子などが至る所に無造作に陳列されている。物でゴチャゴチャしているが妙に落着きのある店だ。店内で佇んでいると店の奥からおばさんが出てきたので、

「泊まることはできる?」と聞くと、

「ノールーム。」という答えが返ってきた。どうやら宿泊はできないらしい。

さてどうするか。飲み物はあるとのことなので、ひとまずカウンターに座りコーラを注文した。冷たいコーラが脳に響く。話を聞くと、オラリーのホテルは主人が癌を患って閉店したそうだ。

「食べ物はある?」と尋ねると、

彼女は少し考えて、近くにあった土産菓子のチョコレートマフィンを提案してきた。商売っ気がないことは察していたので、

「十分だ。」と答えてそれを受け取った。

次の街まで行けば宿泊施設もあると言うが50キロ以上はある。時間も遅いので隣にある公園で寝る事にして会計を済ませて店を出た。マナ・ヒルは砂漠にある中継の集落なのだろう。どんな経緯があったか知らない

が廃村寸前のようだ。都市部と違ってほとんど人もいないのでチンピラなどに襲われることは無いだろう。

ちなみにオーストラリアでは野宿は禁止である。決められた場所以外で泊まるという行為は罰金の対象になるのだ。車中泊も同様だ。キャンプサイトであれば問題ないが遊具のある公園なども本来は禁止だ。他のサイクリストでは出費を浮かせるために野宿メインでオーストラリアを旅している者もいるが、自分はなるべく遵守しようと思っている。しかし走行距離に制限のある自転車乗りにはこのようなケースが時々ある。警察に見つかれば何か言われるかもしれないが酌量の余地はあるのだろう。アウトバックを自転車で走るという事はそう言うことなのだ。

公園の遊具を支点にしてテントサイルを設営した。支点選びに手間取ったがなんとかなった。野宿だとシャワーもないので体をウェットティッシュで拭くだけだ。先ほどの店の閉店までにはまだ時間があったので、再び訪問し今度はビールを注文した。今日は飲んでもいいかなと思える日だった。焼け焦げたような喉に冷たい炭酸の喉越しは破壊的に病みつきになる。液体を胃に落とすと同時に下を向き思わず声が出てしまう。このビールがオーストラリアで最初のビールとなった。

酔いが回って来た頃に思ったのは、果たして「マナ・ヒル」を知っている日本人、訪れたことがある日本人は何人いるのだろうかと言うこと。もちろん客は終始自分一人だった。

この辺りは年間を通してほとんど雨は降らないらしい。冬はフロストするが当然雪は降らない。雪国出身の筆者にはその気候の状態が想像できない。そして街の間隔が広すぎるのでこの辺にサイクリストはほとんどいないらしい。世間話をしながらコーラとアイスクリームを追加で注文すると、飲むのが早いと注意された。閉店時間が来たので明日の分の水も購入して支払をするとチョコレートマフィンをオマケしてくれた。

公園に張ったテントを真上からドローンで撮影。

外に出ると相変わらず蝿が鬱陶しい。歯を磨いてテントに潜り込むと虫の喧騒から解放される。テントの蚊帳越しに月が見えた。更に星空を見ようとしたが公園の電灯が眩しくてよく見えなかった。

一次はどうなるかと思ったが冷えたコーラとアイスクリームにありつけるとはラッキーな一日だった。この「泊まれないホテル」も数ヶ月後、数年後には残念ながら閉店している可能性が高いだろう。

昼間は実感がなかったが、一日の終わり際になるとニューサウスウェールズ州を制覇した実感も湧いてきた。自転車旅は人との関わりは決して多くはないスタイルの旅だ。それでも自転車でしか滞在しない場所や出会う人がいる。そしてそれは多くの人が経験できない希少性のあることで魅力的だ。だからハマってしまったのだ。

眠くなるまでドラクエ7をテント内でプレイしていた。

第二章　南オーストラリア州

バーラで出会ったオーストラリア人

2019年1月16日

南オーストラリア州に入り、バーラ（Burra）という街に到着した。キャラバンパーク併設のバーがあったので入って話を聞くと、飲食してくれるなら利用料はタダだと言われた。シャワーもトイレもあって申し分ないのでこのキャラバンパークに滞在を決めてテントを張ることにした。サイトを見渡すと端に木があり、そこで三支点を確保してテントを設営した。位置や高さ、ロープのテンションの具合などは会心のできだ。このユニークなテントにもかなり慣れてきた。

バーに入り、「とりあえずビール」を注文した。カウンターにいる女性と男性の店員は恐らく親子だろう。真面目な接客でビールとこの地域特産であるワインの説明をしてくれた。ワインは嫌いではないので説明されるがまま白ワインも追加で注文する。カウンターには他の客も座っていてビールをたしなんでいた。仕事終わりという雰囲気で、異国の日常は見ているだけで面白い。隣に髭面のファンキーなおっさんが座っていた。

「何処から来た?」とファンキーおっさんに聞かれ、

「日本。」と答えた。

「日本の何処だ?」と更に聞かれたので。

「新潟からだ。」と答えるが、分かる訳もないだろうと内心思っていた。

「新潟には俺の息子がいる。」とファンキーおっさんが続けたので驚いた。そんなバカな。

日本の地名の有名度ランキング上位は東京、大阪、京都、広島、長崎、福岡そして福島あたりで、他は無名と言ってもいい。一部に北海道、ニセコなどのウィンタースポーツエリアは有名だ。筆者の故郷である福島は原発事故のおかげで有名になってしまった。

話を戻すと、その息子さんは新潟駅近くでバーをやっているという。フェイスブックなどで見せてもらったが、どうやら本当のようだ。帰国したら行ってみよう。その時のお土産になるだろうとファンキーおじさんと一緒に写真を撮る。

店の中では「It's a small world.」という言葉が何度も交錯していた。

こんなこともあるのだなと思っていると、腹が減ってきた。ビールやワインだけで満足できるわけがないのでビーフバーガーをオーダーすると、巨大なバーガーがやってきた。この国のハンバーガーは何処で食ってもうまい。

「日本人の若い子はどうしてカラコンしたり髪を染めたりするんだ?」と唐突に店員に聞かれたが、わからなかった。筆者は自分の髪を染めたこともない。髪を染めている日本の皆さん、なぜ髪を染めるのですか?

奥の住居スペースに手招きされてついて行くと、リビングにピアノがあって男性店員が演奏し始めた。と言っても手は腿の上に乗せてペダルを踏んでいるだけだ。

　このピアノを「アンティークピアノ」と言っていた。ロール状の紙（ラップ、アルミホイルみたいな）をセットしてペダルを踏むとエアが送られてピストンが動き、ロール紙が回転して鍵盤を弾いて音が出る仕組みだ。もちろん鍵盤を指で直接叩いても音が出る。ロール紙には所々に穴が空いているのでそれがメロディーになっているようだ。普通のピアノと同じ様にも機能する点が非常にかっこいい。

どこで食べてもハンバーガーはボリューミーで美味しい。

紙（曲）を交換して今度は娘さんがペダルを踏む。曲の速さ（テンポ）は手元にあるレバーで調節できる様だ。勧められて演奏してみたが、結構早くペダルを踏まないと上手く曲が回らない。意外と良い運動になる。

　段々と理解が追いついてきた。つまりロールの径は曲の長さ（時間）になるわけだな。ロールサイズの規格はピアノ毎に決まっているらしい。なんとも珍しいものを拝見させてもらった。曲のストックは五百曲くらい持っているようでオークションなどで集めたと言っていた。

「翌朝のブレックファーストはどうする？」と聞かれたので、準備をお願いしてテントに戻った。

いいロープテンションで設営できた。

水をがぶ飲みしてトイレに行きテントで就寝した。いい出会いがあるとついつい財布の紐が緩くなってしまう。

アデレードで格闘技三昧

2019年1月18日

目的地であるアデレード（Adelaide）までは60キロと迫った。南オーストラリア州の州都であるアデレードはこの旅の大きなチェックポイントと言っていいだろう。そしてアデレードには四十五日間も滞在することになる。

アウトバックを完全に抜けて段々と郊外と言う感じになってきた。目に付く大型ショッピングモールに入ってみると映画館などもある。数日前では考

アデレードシティにある教会。

えられないような光景だ。

アデレードの中心部に到着する頃には、サイクリストだらけになっていた。オーストラリアにも自転車に乗る人はいるのだなと安心する。実は、この週はサントス・ダウンアンダーという自転車ツアーが開催されていたのだ。ツール・ド・フランスと同じワールドクラスの自転車イベントで各国からファンが自転車を持ってきて集結するスーパーイベントだ。ビル群を抜けて街の中心の公園に行くと自転車のブースや露天で盛り上がっていた。シマノやブリジストンといった日本メーカーのブースには親近感が湧く。巨大なディスプレイでレースの中継もされていた。

都市部には若者観光客も多いので、バックパッカーズなどの安宿も充実している。とりあえずグーグルマップで最初にヒットした「ホステル１０９」という宿に二週間滞在することにして、計４００ドル近くを支払った。後になって高級バッパーだったということを知るのだが、モーテルなどに比べると断然安い。

二週間の滞在には訳がある。日本と便箋をやりとりしてクレジットカードのキャッシング手続きをしなければならないのだ。ついでに自動車国際免許証も送ってもらう。自転車旅に車は基本不要だが、トラブルでレンタカーを借りたりするケースがあるかもしれない。家族には手間だが両親は老後で暇らしいので委任状をしたため免許証取得などに動いてもらおう。

通された部屋はドミトリータイプで、イタリアン一人とフレンチ二人の先客がいた。気のいい人達で信頼できたからよかった。日本人だと言うと漫画、アニメの話で盛り上がることがよくある。クールジャパンとはよく言ったもので、本当に多くの日本作品が人気だった。イタリア人のアンドラは「NARUTO」推しで、たまに印を結んだり、「螺旋丸」を仕掛けてくるので、こちらも原作に忠実に「千鳥」で対応しなければならない。フランスでは「名探偵コナン」や「鋼の錬金術師」が人気だと言っていた。筆者も漫画は割と読む方で知っててよかったと思った。ちなみに筆者が大好きな「ドラゴンボール」の知名度は既に海外でも当たり前のレベルなので、逆に話題に上がることはほとんどない。最近では「七つの大罪」も人気があるようだ。自転車の改良なども必要だし、格闘技ジムも訪ねてみたい。少し休憩しながらアデレードを楽しもう。

ランドルモール、図書館、博物館、セントラルマーケットなどアデレードシティを一通りふらつき、やることがなくなったところで格闘技道場を訪問することにした。ネットで調べると空手、ボクササイズ、柔術などのジムがいくつかヒットする。写真の雰囲気が良さそうなMMA柔術道場に決め、アポなしで早速訪問してみた。ホステルから自転車で15分くらいの距離だった。

建物の周りにいた練習生に声を掛けて案内してもらった。代表や練習生に挨拶をして一緒に練習したいと伝えると快諾してくれた。同じくらいの体格で年齢も近いレイが初めに色々と教えてくれた。レイは柔術茶帯でプロMMAのキャリアもある選手で、凄く強い。グラウンド（寝技）では何もできずにやられてしまった。強いのはレイだけではなくみんな強い。どうやら凄いところに来てしまったようだ。それでもお世話になったこの「ISO-HEALTH BJJ」のみんなはとてもジェントルで大きな怪我なく楽しい格闘技ライフを送ることができた。偶然だが「いいジム」に巡り合えたと言うのは幸せだった。この日から海外格闘技生活が始まった。格闘家、アスリートとして感じたことを記していこうと思う。

その前に筆者の自己紹介に付き合ってほしい。格闘技を始めたのは学生時代で大学一年の終わり頃だ。年齢的には19歳だったので渡豪した時点で10年以上のキャリアということになる。日本にはMMAに分類される団体はいくつかあるがその中の「修斗」をやっていた。大学を卒業して化学会社に就職し、アマチュア修斗を経て二十八歳でプロになった。そのまま新人王トーナメントを勝ち上がり優勝をして新人王を獲得したが、その後は連敗続きで結果が出ていなかった。

会社勤めをしていた頃は仕事終わりに毎日練習し、会社とジムとアパートの往復を永遠と繰り返す生活を送っていた。大変だったが続けられたのは楽天的な性格が幸いしたのだと思う。仕事と練習と寝るだけの生活は他の多くの格闘家やアスリートで共通であるはずなので、筆者が特別大変だったというわけではないだろう。

一方で大学時代には自転車旅にもハマった。長期休みには装備を整えて遠出することがよくあった。北は北海道、南は沖縄とそれなりに走っており、この「オーストラリア大陸一周」は学生時代からの計画である。

話を戻して、ジムの人々に自転車でオーストラリアを旅していること。そしてシドニーから来たと言うとみんなが驚いていた。

このジムは柔術ジムだったが、寝技練習の半分がノーギ（※No-Gi道着を着ない。）でのグラップリングだった。日本では柔術とグラップリングは別れている印象だが、こちらでは柔術の中に「Gi」及び「No-Gi」部門がカテゴライズされている感じだ。似た競技だが「掴む場所」が違うので競技の雰囲気が少し変わるのだ。日本ではどちらかが苦手という選手も多いが、このジムではみんながどちらも頑張っている印象だ。

そして、一番考えさせられたのは、格闘技にセルフディフェンスという役割がしっかりと認知されている点だ。いわゆる護身術だ。全ての入会者は競技柔術に取組む前にセルフディフェンスをしっかり学ぶのだ。それは打撃に対してのディフェンスなども含んでいる。抑え込む時にもナイフを持っている可能性などもしっかり伝えていた。格闘技に対する位置付けが日本と異なるのだ。

柔術の説明をすると、道着の上から身に付けている帯の色は実力を示していて、白から始まり、青、紫、茶、黒とレベルアップしていく。大会での成績と、そのジムの代表の判断で実力に見合った帯を巻かせるのが柔術界では一般的だ。ちなみにこの時点で筆者の帯色は青だった。後にジムメイトに聞いた話だが、例えば繁華街のハインドリーストリート（Hindley St）で喧嘩に巻き込まれた場合、代表の指示のもと即座に制圧できるレベルが青帯だと言っていた。うーん・・・果たして俺にできるだろうか。乱闘のイメージすらできない。

そして女性会員も日本と比較して多い。習う理由はそれぞれだろうが、格闘技を習ってから堂々と一人で歩けるようになったという人もいる。ここもまた日本と海外諸国の差だろう。もちろん単にエクササイズが盛んというのもある。

故にMMA（総合格闘技）やBJJ（柔術）の認知度が日本よりも高い。日本だとMMAと言っても「K1?」「ボクシング?」と聞き返されてしまう。格闘技に詳しいのはおじさん世代で若い子は知らない場合が多いが、海外でMMAと言えば若い子にも通じるから驚きだ。

練習の雰囲気は極めてフランクで陽気な感じだ。そしてネガティブワードがほとんどない。比較して日本ではシリアスな雰囲気の練習が多いのではないだろうか。温暖な気候のオーストラリアの国民気質も大いに関係しているのだろう。

そんな感じで淡々と格闘技をしていたら、二月末にMMAの興行がアデレードで開催されるということをジムメイトから聞いた。折角なので、滞在を一ヶ月伸ばし興行を見ることにしよう。このジムからも何人か出場者が出るようだ。

その中にフライ級の選手タンがいた。二十歳くらいの青年でタイレストランで働いているアジア系のオーストラリア人だ。同じ体格なので一緒に練習する機会が多い。タンは格闘技の練習を始めたばかりなのだが、今回の興行でMMAデビュー戦が決まった。アマチュアルールの前座試合で、技術的に未熟な部分も多いが高い運動センスと瞬発力が武器だ。相手は柔術青帯の選手で寝技や組技ではかなり部が悪いと言っていいだろう。

練習時には体重が重いグループと軽いグループで二分割して練習するのだが、小柄なアジア人と異なり欧米人種であるオーストラリア人の体格は大きい。このジムで線引きとなる体重は79kgだった。日本ではそもそも79kgに到達している選手も決して多くはない。そんな中で筆者のフライ級(56.7kg以下)で戦う選手の割合は日本よりもずっと少ないのだが、何の巡り合わせか、このジムにはフライ級の選手が揃っていた。

先に触れた柔術茶帯(後にすぐ黒帯になる)のレイ、MMAプロランカーのブラッド、ムエタイ豪王者のダニエルとミッチ(二人は兄弟)。そこにタンと筆者を入れてフライ級チームとして練習していた。グラップラー、ストライカーとバランスよくいろんなタイプの選手が集まっている。筆者は比較的レスリングができたので、タンとの練習では主にテイクダウン(相手を投げて背中をマットにつけさせること)の攻防を担当した。

ムエタイブラザーズとのキックボクシングスパーは苛烈を極めた。柔術メインのジムでこの二人の打撃スキルは群を抜いている。と言うか文字通りチャンピオンなのだから当然か。16オンスグローブをはめていても油断できない。鋭いパンチや蹴りをカウンターで合わせてくるし、首相撲からの膝蹴りも強力だ。プロMMAファイターのブラッドはオーストラリアのアマチュア王者を経てプロデビューした一番勢いのある選手で、どの選手もとにかく身体能力が高く、こちらは一つ一つの技の練度で勝負しなければならなかった。

一ヶ月の滞在延長を決めたので、より安値のバッパー(バックパッカーズホステルの略)に移ることにして宿を探した。移動先に決定した宿「Shingo's backpackers hostel」は偶然にも日本人宿だった。オーナーが日本人女性で、その宿では日本語が通じるため日本人が多く集まるのだ。シドニーを早々に離れ、日本人はまず絶対に来ないであろうエリアを自転車で走っていたので、この宿に来るまで日本人とは会っていなかった。アデレードに日本人は居ないとすら思っていた。

日本人はやっぱり英語が苦手な国民であると言える。オーナーさんは住居の提供だけでなく、そういった英語に不慣れな日本人のサポートもしている。各種手続き、仕事関連、トラブル解決、年頃の女性たちは恋愛相談をしたりしてオーストラリアライフの手助けをしていた。筆者も多大にお世話になった。

ワーキングホリデービザでオーストラリアに入国している日本人の多くが英語学習を大きな目的として海外生活を楽しんでいる様子だった。しかし、日本人宿に来ることで英語を使用する機会が減ってしまうというジレンマに悩まされている人もいるようだ。筆者は旅と格闘技が主な目的なので別に英語レベルをアップさせたいわけではない。格闘技も十年以上のキャリアがあるので英語で言われても十分理解できるし、教えることもできて特に不自由はしなかった。

また、アデレードにはサッカー留学をする日本人の若者が多かった。プロを目指してアデレードのチームに所属し、試合で活躍することでプロ契約をすることができるようだ。格闘技の世界では海外で練習や試合をするのは一流選手のみの特権のような雰囲気があったが、よく考えればそんなこともないし、そんなルールもない。今後は海外でアマチュアを経てプロデビューしてから日本で戦う逆輸入ファイターがもっと増えるのではないだろうか。筆者は視野が狭く、海外で試合をしてプロを目指すという発想は全くなかったので眼から鱗だった。それでも日本のアマチュア修斗に拘ったのは後悔していない。今後の若い格闘家には選択肢として格闘技留学もあるということは伝えていきたいと思った。

試合はアデレードオーバルという大きなドーム型のスタジアムの一室にケージが組み上げられて開催となった。特別にサポートスタッフとして直前まで選手セコンドと一緒に居させてもらった。赤青コーナー毎に待機部室が用意されて、ペットボトルの水が氷と共にクーラーボックスに大量に用意されていたことに感動した。ウォーミングアップと試合中のインターバルに飲む水とアイシングの氷を選手サイドは用意する必要がなく試合に集中して会場入りできる。主催者が水を提供するのはフェアでもある。飄々として緊張していないと言っていたタンも試合が近づくにつれて口数が減ってきた。遠目に見ても緊張しているのがわかる。会場にはバーや売店もあってアルコールを含むドリンクを飲みながら観戦できる。エクササイズやスポーツ文化が日本より濃いからか高いチケットも簡単にソールドアウトするようだ。従って選手にはチケットを売るノルマは一切ない。

音楽が鳴り、タンが入場していった。結果は判定負けだった。

しかし、内容は素晴らしく、思い切りのいい打撃で有効打を重ねていただけに残念だった。組技では終始コントロールされてしまっていたが、格上の相手に善戦したと思う。正直に言うと寝技の実力差から簡単に一本負けすると思っていた。デビュー戦でいきなり檻に放り込まれて大丈夫かなとも思ったが、メンタルはいい感じだったようだ。大きな怪我もなく終えたのでスパーリングパートナーとしては一安心だ。

ライトアップされたアデレードの街を歩いてホステルまで帰っていると、観客だったと思われるティーンの女の子たちがいた。興奮冷め止まぬ感じでお互いに膝蹴りをしている。格闘技の経験は無さそうだが、ドレスアップしてキラキラしている姿がアデレードの夏の週末にはぴったりだった。

さて、試合見学も終わりアデレードに長居する意味も無くなってしまった。一ヶ月以上も滞在していたので仲良くなった宿の人達やジムメイトと別れるのは寂しいが、自転車旅にも戻りたい感情が強くなってきた頃だった。

海沿いの街セデューナ

2019年3月12日

アデレードを出て九日が経ち、南オーストラリア州（SA）西部最大の街セデューナ（Ceduna）へ到達した。そこには自転車屋があるだろうと聞いていたので道中破損した部分をなんとか改善したいところだ。

街の入口には飛行場があり、モーテルなどの建物も出てきた。中心部では音楽が鳴っていて活気がある。そして海が近くて雰囲気がいい。海水浴の季節は過ぎたが海を眺めにこの街を訪れる人も多いだろう。

セデューナにはアウトドア店が異様に多い。この先のナラボー高原（Nullabor）に備えろと言うことか。「BIG4」というキャラバンパークのキャビンに二泊でチェックインした。この街にはフードマーケットというスーパーがあるので、荷物を部屋に置き、シャワーを浴びて食料を買いに向かった。このキャビンには冷蔵庫、キッチン、シャワートイレと全て揃っているので食料さえあれば外に出る必要がなくリラックスできる。

慣れないキッチンや道具で手の込んだ料理は難しい。テリヤキの味付き手羽先を大量に買い込んでグリルで焼いて食べるだけにした。1キロ以上あった手羽先を時間を掛けて食べ、食後には後で必ず後悔するアイスのパイント食いで締めくくった。連日40℃を超える気温だというのに、街に到達しなければ冷たい飲食物を得ることができない。飢えるのだ。

ワインでも買おうとリキュールショップに行ったが、パスポートを忘れたのでアルコールが買えなかった。仕方ないのでファンタオレンジだけを買い、部屋に戻ってドラクエをプレイした。西部SA最大の街といってもセデューナはオフラインだったのでインターネットができない。このキャラバンパークには無線Wi-Fiがあるのだが容量制限がある。自動で写真をクラウドにアップロードして容量を使い切ってしまったようだ。

2019年3月13日

セデューナ二日目、目覚めて朝食、シャワー、そしてとりあえずのドラクエ7をやって、昼前に歩いて三分ほどのところにあるホームセンターへ向かった。自転車の荷台をフレームに固定する部分が、もう一度破断したら走行不能になる。クランプか何かで自転車の荷台をフレームに固定できないか考えていたが、結局その時には、メタルバンドでフレームと荷台を縛る事しかできないだろうとの結論になった。日本のように細かい物まで豊富にあるというわけではないのだ。(最終的にはこのメタルバンドを使用してしまう事になる。)

現金を持っていなかったのでATMで初のキャッシングを試みた。アデレードで日本と便箋を往復をさせて手続きした苦労のキャッシングだ。難なく300ドルの出金に成功した。現金はほとんど使わないのだがコインシャワーやコインランドリーで必要になるから厄介だ。場所によってはカード利用額のミニマム値が設定されていたりもするので完全にゼロにはできない。

海沿いのベンチに座っているとアボリジニに「金をくれ。」と声を掛けられたが無視をしてやり過ごした。アボリジニとはオーストラリアの先住民族である。アデレードの都市部でもホームレスの様に生活をしているアボリジニの人達がいた。

そして、オーストラリアはイギリス人の入植によって発展した歴史がある。その入植者が原住民を迫害した「白豪主義」という恐ろしい言葉もあるのだ。現在は立場を変えオーストラリア政府はアボリジニに手当てを支給しているが、これをよく思っていない人もいる。

というのも、この支給金を酒、薬物、ギャンブルに使用しており、就労意欲を削いでいるという話もあるのだ。それは少なからず事実であろう。

そして実際に彼らが住む街やエリア、通う学校には未だに白人達と隔たりがあるのだ。この「先住民問題」はオーストラリアの歴史そのものであり、隠すこともできない「闇」と言える。

海を見に行ったあとは行動食にビスケットや高級ハチミツであるマヌカハニー、そしてついにハエよけに頭から被るバグネットを購入した。むしろ、ここまでバグネットを使わずによく来れたものだ。部屋に戻り食材を朝までに食べ切る算段を付けて、アイスを胃袋に押し込んで就寝した。

セデューナを離れると、遂にナラボー高原と呼ばれるエリアに突入していくことになるのだ。南オーストラリア州と西オーストラリア州に跨る乾燥地帯でオーストラリアを自転車で旅する者にとっては難関なのだ。同じ様な日本人サイクリストがトラックに轢かれて死亡した事件もあり、多くの人に注意を促されてきた。交通事故にもより警戒しなくてはならない。

ナラボーを走ってこそ一人前というものだろう。NSWアウトバックの様にあっさりと走ってやろう。

オーストラリア屈指の難所ナラボー高原

2019年3月14日

セデューナを出発した。地図上は海沿いを走る事になるがセデューナを離れると海は拝めない。道路が内陸数キロ～数十キロに位置しており海は見えないのだ。

ひたすら西に向かってペダルを回し、70キロほど進むと海からの風が強くなり左肩で受ける状態になった。若干追い風なのが救いだ。風と同時に古い風車も見えてきた。どうやらこのあたりは元来風の強いエリアのようだ。

ペノング（Penong）という集落に入ると直ぐに「1000km No General store」という看板を掲げた店が目に入った。要するにここから1000キロは日用品を扱うお店は無いということだ。セデューナでハチミツやピーナッツバターなど日持ちするものは準備したので、特に買うものもなく外のベンチに座り、お昼休憩をした。

再出発して直ぐに「Windmillmuseum」という看板が出てきた。メイン道路沿いにあるので行ってみよう。

大小様々な風車が展示されている。

「mill」は「砕く」という意味合いだから、風力を利用して小麦でも挽いていたのだろうか、風車を「windmill＝ウィンドミル」というのはそんな感じの理由だろう。となると風力発電用の風車は違う呼名なんだろうか。その風車ミュージアムへ行くと大小様々な風車が並んでいた。係員などはいなくて自由に見てくれのスタイルのミュージアムだ。係員どころか筆者しかいないのだがね。

晴天の中、公園には風の音と風車の奏でる金属音だけが響いていた。不思議な感覚でその音以外は存在せず、静寂と言っても良い空間だった。ペノング全体にも言えることだが、この街の屋外では風と使われなくなった風車の金属音しかしないのだ。そのため、乾いた砂の上を歩く自分の足音がとても響く。

恐らく一年後も十年後もこの風車は回り続けるのだろう。再びこの場所に来ることができるのだろうか、そしてその時は自転車に乗っているのだろうか。この風車をずっと見ていたい気もしたが、明日までこの追い風が吹いているかはわからない。そう考えるとこの街に留まることはできなかった。サイクリストはいつも風のことばかりを考える生き物だ。そんな習性がこの場所に導いてくれたのかもしれない。

１５時過ぎに到着したのはナンド

ルー（Nundroo）というロードハウスだ。この辺りからは街そのものが無くなり、ロードハウスを繋ぐ旅となる。過酷だが結局はこういう所の方が楽しいのだ。

併設のキャラバンパークを下見するとテントサイルを設置できそうな木があったので利用料20ドルを払ってテントを設営し、シャワーを浴びた。トイレシャワー室は男女共用の2つしかなく、お世辞にも綺麗とは言えない感じだ。使えるコンセントもここにしかないのでシャワー中に少し充電させてもらおう。

夕飯は自炊にした。セデューナで食材を買ったので積極的に使った方が荷物が軽くなり走行にアドバンテージが生まれる。風が強かったのでガソリンではなくアルコールストーブ(トランギア製)を使って米を炊いた。オイルサーディンの缶詰をおかずにして食べたが、それでも足りなかったのでパスタを茹でてトマトペーストと塩でスープパスタ風にして食べた。多くの食材や道具を持てない自転車乗りの自炊メニューはシンプルになる。

一つしかない炊事場には女子三人組もいた。話を聞くと台湾からワーキングホリデービザで来たらしく、車を使って三人でロードトリップしているらしい。気の合う仲間とこの大陸を旅するとはさぞかし楽しいだろうな。若いうちにしかできないことだろう。三十一歳の筆者はもうそっち側へはいけないだろうな。二十代を全て格闘技と仕事に注いだ事に後悔はないが次の人生では是非ともやってみたい。

テントサイルに入り込んで寝袋に包まったが、風は更に強くなりフライシートがバタついてうるさいので外して寝る事にした。

２０１９年３月１６日

足が冷たくて目が覚めた。よく見ると寝袋の足側が濡れている。乾燥地帯は寒暖差が激しいので急な朝の冷え込みで朝露が降りたのだろう。テントにフライシートをしっかりと掛けておくべきだった。寝袋はダウンなので濡れてしまうと保温力が落ちるというのは知っていたが、程度がわからなかったから良い勉強にはなった。乾かすために寝袋をテントサイルのロープに掛けて、そのまま朝食を食べにロードハウスへ向かった。

ソーセージなどのホットスナックとジュースで朝食にした。少し物足りないが、行動食にレーズンパンなどもあるので大丈夫だろう。キャンプサイトへ戻りテントを撤収して荷物をまとめて出発準備完了だ。寝袋は今夜の寝る前にも乾かせるので、若干湿ってても構わないだろう。

ナンドルーを出発してすぐの看板にパース（Perth）の文字がようやく出てきた。しかしまだ１７６６キロもあるのか。先は長い。

道はＡ１というルート一本で迷うことはない。というかそれ以外の道がない。ペダルをひたすら回して西へと進んだ。この辺りはアップダウンが激しくてなかなか厳しかったが、追い風を頼りに快調に進むことができた。

そして虫問題は深刻味を帯びてくる。このエリアではアブが出てきた。ハエと違いアブは刺してくるのだ。しかも、まあまあ痛い。「ん?なんか足痛いぞ。」と思って見ると刺されていることが頻発する。

そして日本のアブよりもしつこい。服の上からでも執拗に容赦無く刺してくる。ハンドルを持つ手や指も刺してくる。バグネットは顔しか守ってくれない。対策は・・・無かった。たまにアブを叩いて潰したりもす

どこまでも真っ直ぐな道が続くナラボー高原。

るのだが多勢に無勢だ。止まっているよりも動いている方がいいので自転車に乗るしかない。野外でまともな休憩はできないという事態に陥り、精神と体力を削られる。これはこの先1000キロに渡って悩まされることになる。マジだよ。

いつしかアブを追い払うために自転車を漕ぐような感じになってきた。緩いペースだと刺されてしまうので時速30キロ付近のハイペースを常に維持しないといけない。よって登り坂では奴らの集中砲火をくらい発狂する。漫画「ジョジョの奇妙な冒険」の匂いで追跡してくるあのスタンド、ハイウェイスターのように厄介だ。

途中吹っ切れて全力でペダルを踏み込み、虫どもを引きちぎる。空気を切る音が変わり虫を吹き飛ばす。時速は40キロに迫った。この速度で移動すれば虫は体に着陸できない。既に体に止まっている虫は飛ばされないように踏ん張るのが精一杯で刺す余裕もない。手で払えば後方に飛んでいくのだ。世界から虫が消え颯爽と進んだが50kgにまで重量が膨らんだ自転車でそんなハイペースが続くわけもない。結局頭を振り、手で追い払いながらの走行に戻ったのだ。渦中、いや渦虫の中へ。

そんなこんなでナラボーロードハウスに到着した。ナラボーの名を冠するロードハウスという訳だ。鯨の大きなオブジェが目立つのは、この地がホエールウォッチングの名所でもあるからだ。最近建て替えでもしたのかナンドルーとは違って綺麗なロードハウスで付属のキャラバンパークもしっかり管理されているようだ。

一際目立つオンボロの掘立て小屋のような建屋が敷地内にあった。気になって行ってみると、それはかつてのナラボーロードハウスだった。中を覗いてみると当時の状態そのままという感じでタイムスリップしたかのような錯覚に陥る。きっとカウンターには強面でガタイのいいオージー(オーストラリア人のこと)が居たのだろう。ガラスケースの中に冷えたビールやコーラが並んでいる光景が目に浮かぶ。ガソリンと憩いを求めて一体何人が訪れたのだろうか。行く機会があったら少し覗くだけでいい、使命を全うした建屋の姿を見て欲しい。

道を作って維持することは大変だが同時に偉大なことである。道が道であるためにはロードハウスが絶対に必要なのだ。二十一世紀になってもナラボー高原を横断する陸路はこのルート一つしか無いことを考えると、この場所の過酷さがわかる。

そして恐らく自転車は最も「道」に接することができる旅のツールの一つだと思う。未舗装路から始まり、拡張整備され近代で舗装されて今に至るまで、どれだけの人や物を運んだのだろうか。「道」とは何かを移動させるために必須のもので、それが文明を造ってきたと言っても過言では無いと考える。筆者が自転車を選ぶ理由の一つは、そういった人の歴史や苦労に一番触れられるか

かつてのナラボーロードハウス。

らである。

話を戻して、今度は現在のナラボーロードハウスの店内に入った。ミルク1リットルを手にとってレジでチキンバーガーとチップス（フライドポテト）を注文し、イートインスペースに腰を下ろすのだが、この椅子にもたれ掛かる瞬間がなんとも言えない。解放感、安堵感、達成感、多幸感と様々な感情が湧いてくる。

ここでビールというのが普通のサラリーマンなんだろうが今回はミルクにした(笑)。

1リットルあたりの価格に直すと、ミルクは2.5ドル、水は3.6ドル、ビールは銘柄でも違うが30ドルほどだ。水が豊富な日本では考えられないが、このような乾燥地帯ではミルクが最も安いドリンクなのだ。

全員に問いたい。走った後のマヨソースのチキンバーガーほど美味しいものがあるだろうか。チキンのシュニッツェル（薄い肉にパン粉をつけて揚げ焼きにした料理）が熱々でバンズに挟まれてマヨネーズで味付けされてやってきた。肉自体は淡白だが、薄くてしっかりと味がついていてバンズとの相性も最高だ。チップスも揚げたてでホクホクしている。体力を使い切った後の食事ほど生命を実感できる瞬間はない。

そしてオーストラリアのミルクを甘くみてはいけない。率直に言って濃厚クリーミーでかなり美味しい。乳脂の風味がしっかりするのだ。これには学生時代に北海道で飲んだ搾りたての牛乳を思い出した。オーストラリアが酪農大国と言われる所以だ。これもプチ情報だが、オーストラリアではコーヒーにミルクを入れるのがかなりスタンダードである。店頭でコーヒーを買ってミルクが無かった時、客が売物のミルクを勝手に開けて注いでいた。それを見ていた店員も了承している様だった。

食事をしてひと段落したらキャンプサイトの見学に行った。テント泊の自転車ツーリスト御用達の「un-power site.」は更地がメインでテントサイルの設営できそうな場所はなかった。設営するとしたら敷地の角の柵を三角形に利用して設営するしかない。その柵に何かを警告する看板を見つけた。「この辺で蛇の形跡あり注意」と記されている。この写真の黒い蛇も最強クラスの毒蛇なのだろう、本当に出会いたくない動物だ。レセプションで訊ねると部屋泊は120ドルと高いので、今日もテント泊にしよう。

同じエリアに車でキャンプをしている夫婦がいて、おじさんの方に夕食に誘われた。既に先ほどかなり食べたのだがカロリーはいくらあっても足りないのが自転車旅なので、「テント設営とシャワーの後でね。」と伝えて快諾した。

飲み物くらいは持参しようと、売店でディスカウントされていたペプシコーラを購入した。ペプシコーラがコカコーラよりも下に位置付けされている（値段が全然違う）のは謎文化ではあるが、筆者はこだわりも無いので気にしない。

キャンプ場を歩いていると別な女性からタッパに入ったパスタを受け取った。「Cook for you.」と言ってくれたのでわざわざ作ってくれたようだ。自転車乗りはその姿からひと目で旅人だと思われるので、こういったことはたまにあるのだ。このようなお接待はなるべく受けるようにしている。ありがたい。

招かれ先の夕食ではハンバーグと蒸し野菜をご馳走になった。調理担当は奥さんのアンで小言が多いが世話好きの優しいタイプの女性だ。ペプシコーラのペットボトルに無言でラム酒を注いでくるのが旦那さんのジョンだ。どこからスタートしたのか、どこまで行くのか。などいつもの質問に答えていると、日が落ちて夜になっていた。注ぎ足されてほぼラム酒になったラムコークを飲み干してテントに戻る。空には綺麗な星が見えるが、風が吹いてきた。

外に干していた寝袋を取り込んで寝るとしよう。昨日のように朝は冷えそうなので今回の旅では初利用のエアマットも展開して空気を入れた。スカイパッドというテントサイル純正のエアマットを持ってきたのだ。浮いているテントサイルは底が曲面になるので通常のエアマットではフィットし難い。膨らませるのもそこまで手間では無くかなり気に入っている。

また、風のサイクルに気がついた。一日をかけて風向きが南東から南に、つまり追い風から横風に変化するのだ。そのため、朝は早めに出て昼までに距離を稼ぐのが良策だろう。この日はナヌータラからナラボーまでの150キロを走っていた。

2019年3月16日

昨日同様に寒さで目が覚めた。寝袋の中に着替えを詰め込み加温してテント内で着替えをする。外に出るとやはり昨日の朝と同様に朝露が降りていたのでフライシートが濡れている。日本人だからか秋の気配を勝手に感じてしまうが昼の酷暑が何処かへ行くとは思えない。濡れているテント以外をパッキングして出発準備を進める。昨日の夫婦が呼んでいたので行ってみるとシリアルとコーヒーをブレックファーストにご馳走してくれた。

この夫婦は東海岸のブリズベン近郊に住んでいるらしく、近くにきた時の連絡用として電話番号を頂いた。いつになるかわからないが無事に到達したいものだ。

フライシートの乾燥に時間が掛かりナラボーを出発したのは10時近くになってしまった。

さて、次のロードハウスは南オーストラリア州（SA）と西オーストラリア州（WA）との境にあって、188キロ離れている。休憩も含めて十時間はかかるだろう。街灯が全く無いこの荒野を夜間に走るのは危険なので暗くなる前には到着したい。

ひたすらに直進していると途中で景観ポイントの標識を発見した。この手にありがちなのは標識からかなり遠いパターンなのだがそうでもないらしい。パーキングが見えるくらいには近いので行ってみよう。そのパーキングへ到着すると不意に歓声で迎えられた。声の主はイベント中のサイクリング集団で反対方向の東へ走っているようだ。サポートカー付きとはいえ、僻地で自転車に乗っている自分以外の人間を初めて見た。差し入れにオレンジを頂き果汁で喉を潤した。

駐車場から歩いて海寄りのビュースポットとやらへ行ってみよう。軽い気持ちで行ったが、そこから見えたのは断崖から臨むグレートオーストラリア湾の絶景だった。エメラルドの海がどこまでも広がっている。水の気配が無かったので海にこんなにも近付いていた事にも驚いた。この方角の先には南極大陸があるのか。遂にこんな所まで来てしまったのだな。

折角なのでドローンも飛ばしたい。早速、空撮を開始した。海沿いなので風が強くて終始ハラハラしたが、虎穴に入らずんば虎子を得ず。迫力のある映像ほど高いリスクが付き纏うのだ。海に落としたら絶対に機体の回収は不可能だ。

上空からこの断崖を見ると、オーストラリア大陸をまるでケーキにしてフォークでえぐったようになっている。グレートオーストラリア湾の部分は神様が食べてしまったのだろうか。結局1時間半近くを休憩という名の撮影に当ててしまった。到着時刻は20時を過ぎてしまうだろう。自転車に戻り、追い風を頼りにペースを上げた。

このナラボー高原を通るＡ1ルート上で唯一海を見ながら走れるのがこの州境付近だ。小高い道路から先ほどの海が見えてテンションが上がり、高揚感から足の疲労を忘れさせてくれる。快晴の中、車でドライブをしても楽しいだろう。景観もよく再度ドローンを飛ばしたかったが時間がないので小休止だけにしてペダリングに集中した。ナラボーはまた訪れたい場所になりそうだ。

時刻は20時頃、完全に暗くなる一歩手前でボーダービレッジ（Border Village）ロードハウスに到着することができた。なんとか188キロを走り切ったのだ。一刻も早く休みたい。

いきなり目に入った巨大なカンガルー像は手にベジマイト（VEGEMITE）を持っている。ベジマイトとはオーストラリアの発酵食品でパンに塗って食べるのだが、筆者は食べ方を間違えて以来食べていない。薄くトーストに塗って更にバターを塗るのが一般的なのだが、遠慮なくジャムの様に塗ったくってしまったのだ。単品ではとても食べられない味なのでそれがトラウマになっている。心が落ち着いたらいつか正規ルートで食したい。

州の境には検問所的な施設があって業者のトラックも一般の車も係員のチェックを受ける。もちろん自転車もだ。ボーダービレッジ（Border Village）とはその検問の直前にある南オーストラリア州側のロードハウスのことだ。この日はもう動けないのでボーダーを跨ぐのは明日の朝にしよう。

検問所を横目にロードハウスのショップに入りレセプションへ向かった。受付の子と話すと「I'm new.」と言っていたので仕事を始めたばかりの子なのだろう。パスポートを見せて日本から来たと答えると、どうやらその子は最近日本へ旅行に行ったらしく、やたらと話をしてくれた。部屋泊の料金は120ドルと高かったが仕方ない。セデューナを出てから三日で500キロ弱を走り全てテント泊だったので疲れを取り除いておきたい。

部屋でシャワーを浴びたらショップが閉まる前に食料調達をしないといけない。メニューボードを見るとボーダーバーガーというハンバーガーがあったので注文した。それとフライドポテトとミルク、更にポテトチップスも購入した。ここでもミルクでドリンク代を浮かせる節約作戦を敢行したが、食後に炭酸飲料が飲みたくなって買ってしまった。

ミルク作戦は失敗に終わったが、この乾燥した大地では、牛に草を食わせて搾乳した方が効率がいいというのは実際に走ってみたらよくわかる。部屋の水道も飲用不可と書いてあるし、この国では地下水は金より掘り当てるのが大変だと聞く。バーガーはテイクアウトして部屋で食べることにした。到着が遅かったので充電や洗濯を食事と並行でこなして時短しなくてはならない。

このボーダーバーガーがまた美味かった。まず驚いたのはその大きさだ。片手に感じる重量感よ。なんというボリュームだ。目に付いたのはどっさり入ったビートとパイナップルだ。よって全体的に甘みが強いバーガーに仕上がっているが、パティのボリュームが負けていないから子供っぽくならずに調和が取れている。かぶりつく度に疲労が抜けていく感じだ。綺麗に食べれずに手がベトベトになってしまったが、どこかの頑固な美食陶芸家のように怒ってはいけない。ひとつ食べるだけでお腹いっぱいになった。フライドポテトはとても食べきれないので半分にして残りは朝に食べることにしよう。

さて、ボーダービレッジ（Border Village）に入ってから気になっていたことがあった。それは検問のこと。フルーツや野菜を持ち込めないということはNSWとSAを跨ぐ時に経験したので想定していたからいいのだが、禁止物の一覧表には「Bee products」とも表記されている。「Bee」すなわち蜂・・・だよな。ってことはハチミツも持ち込めないということなのだろうか。そんなまさか。セデューナで購入したスーパーでよく見かける量産品をどういう理由で取り上げるというのだ。

詳細な注意書きなどを確認したところ、やっぱりダメっぽい。嘘だろマヌカハニーだぞ。普通のハチミツの倍以上する高級品なのに。大事に食べていたのでまだ九割は残っている。とにかく急遽ハチミツを使わなければならない。ということで夜だというのにコーヒー、紅茶にハチミツをどっさり入れて飲んでみる。こんな時間にカフェインを摂取してすぐに寝れる訳もなく、明日の朝食でハチミツをどのように消費しようか心配しながらベッドで過ごした。これが南オーストラリア州最後の夜となった。

グレートオーストラリア湾を上空から撮影。次の大都市パースは写真奥の方角。

第三章　西オーストラリア州

ナラボー高原で出会った日本人

２０１９年３月１８日

西オーストラリア州（ＷＡ）に入って二日目の朝、マンドラビラ（Mundrabilla）というロードハウスから一日が始まった。ＷＡはオーストラリアで最も広い州であり、国土の西側はほとんどＷＡだと思っていい。地図を見れば分かるのだが、これからどれだけこの州にいることになるのか想像もつかない。

テントを撤収し、レセプションにトイレとシャワーの鍵を返却するとデポジットしていた２０ドルが返却された。そのお金でブレックファーストを注文しよう。ブレックファーストは基本料金があってトッピング一種類毎に＋２ドルというシステムらしい。ベーコン、ソーセージ、オニオン＆チップス、トマト、エッグと気がついたらフルトッピングで注文していた。

料金はデポジット額と同じで２０ドルにもなったが、運ばれてきたプレートはとんでもないボリュームだ。そこまで高い料金ではない。ＷＡはやや物価が安いのだろうか。それでも円換算だと１５００円もする。

道路に戻って今日も呑気に西を目指す。しばらく進むと道路の色が変わり飛行機が描かれた看板が目についた。「EMERGENCY AIR STRIP」と書いてある。緊急時はこの道路で離着陸するのだろうか。確かにそれくらい長くて真っ直ぐではあるけどさ。日本人のスケールではよく分からない。

この周辺はナラボー高原より低い場所に道路が敷かれている。従って右手奥には昨日まで走っていた高原を下から見上げながら走ることができる。そうなると上に何があるのかをドローンで見たくなるというもので、大きなパーキングで休憩がてらフライトさせてみた。道路から坂道を駆け上がり、その先の崖を一気に登り・・・

「あーーーーもう。」ドローンをまともに操縦できない。

なぜなら無防備な手をアブに刺されまくるのだ。ドローンの操縦は急発進や急停止を避けてスティックを繊細にゆっくり動かさなくてはならない。指にたかる大量のアブに気が狂いそうだ。というか狂ってた。早々に自転車に戻らなくては。

目的地であるマデューラ（Madura）ロードハウスは登り坂の途中にあった。日本でもガソリンスタンドでお馴染みの黄色いシェルの看板が目印だ。

とりあえずのコーラとバナナミルクを飲んで糖分を頭にぶち込み、キャンプ場のコンディションを確認しにいった。テントサイルが設営できそうないい感じの場所があったのでこの日もテント泊にしよう。料金25ドルでチェックインした。

テントサイルの扱いにも慣れて設営、撤収がかなり早くなってきたので、あまり苦労を感じない。時刻は15時前で余裕があるが、それには訳がある。州を跨いで標準時刻が変わったのだ。WAはSAよりも一時間遅れている。従って昨日州を跨いだ瞬間に一時間増えたのだ。得した気分だが、負担となって体に響くと嫌だな。それでも一日の終わりにシャワーとコーラがあればかなり幸せ指数が上がる自分に気がついた。なんとも安っぽい人生である。

ランドリールームで服を手洗いして洗濯代は節約しよう。日中に干すことができれば手洗いでも簡単に乾くのだ。洗濯物を干すと作業は終了となる。

手持ちの食料はほとんど食べ尽くしたので、バーで何か食べようとテントを離れようとした時、一人の男性が近付いてきた。見るからに同業の自転車ツーリストである。しかもアジア人だ。話を聞くとなんと日本人サイクリストであった。自分以外の日本人チャリダー（自転車旅をしてる人をチャリダーと呼ぶ場合もある）に会うのは初めてだった。

その日本人チャリダーと一緒に夕食をバーで食べることになったので、男性がシャワーやらテント設営を終えるまで待っていた。暇だったのでドローンを飛ばして遊んでいたらキャラバンパークの周りに池を発見した。家畜用の雨水の溜池だろうか。空中探索していると一人のオージーが近付いてきた。

（マズイな・・・プライバシーとか文句言われるかもしれない。）とビクビクしていたら、

「俺はMavic2 Pro（当時最新の機体）を持ってるぜ。」とだけ言って去って言った。

その日本人男性のナカムラさんはベテラン自転車ツーリストだった。毎年この時期に仕事が休みらしく、区切りながらシドニー～パース間（オーストラリア横断）を走っていて今回が三回目（三年目）とのことだ。今年でパースまで行く予定らしい。

今年の出発地はセデューナで、彼の出発日は筆者がセデューナを出発した日の一日後だった。同じように

ロードハウスを繋ぐしかないので結果同じペースになり、ここまで巡り合うことはなかった。筆者はここ二日間ペースを落としていたので、その二日分を今日一日で走ったナカムラさんに追いつかれたということだ。ちなみにセデューナからこのマデューラまでは約650キロある。今まで他のツーリストに追いついたことはあっても追いつかれたことは無かったので新鮮な気持ちだ。ナカムラさんはマラソンや登山もする凄い人で再び自転車旅の世界に戻ってきたらしい。

彼は走行後のビールが欠かせないらしく、銘柄もVB（ビクトリアビター）というこだわり様だ。筆者はビールと白ワインでお付き合いさせて貰った。

これまでの旅で発生したトラブルや情報などを共有する。それにしてもまさか日本人サイクリストと出会うことができるとは驚きだ。ネットや現地の過去の情報で日本人が自転車で旅をしていることは知ってはいたが会ったことはなく、実在するのか疑問だったのだ。

「若いサイクリスト」に会えて嬉しいとナカムラさんは言っていたが、筆者はこの時三十一歳だ。一般的には決して若くはない。筆者が初めて自転車で旅をしたのは二十歳の頃で十年以上前だ。その時は新潟から四国まで旅をした。

筆者としても二十代のサイクリストに出会いたいものだが、その様な若者はかなり少ないだろう。自転車旅は現代ではメジャーにはならないだろうし、共有しにくい旅のスタイルだ。計画の段階からハードルが高く、体力、知識、経験がものをいう世界でもある。また、経済的、時間的な制約も非常に大きいので気軽に友人なんかは誘えない。難点が多く、身近な人へすら共感され難いのだ。

時間とお金を費やしてわざわざ疲れることをしたくないと言われたこともある。非合理的で孤独な旅は現代の価値観の外にあるのかもしれない。代償は大きいのかもしれないが、それでも自転車旅は「究極の自由」の一つなのではないだろうかと筆者は思うし、魅力的だ。

ナカムラさんとはナラボー高原を抜けた先にあるノースマン（Noseman）という街で別れるまでの三夜を同じロードハウスで過ごすことになった。それぞれマイペースに一人で走るのだが、夕方に到達する場所は同じなのでそうなるのだ。この時ほど「旅は道づれ」という言葉を実感したことはない。

ストームに遭遇して死ぬかと思った

２０１９年3月２１日

この日はバラドーニア（Balladonia）というナラボーエリア最後のロードハウスから一日がスタートする。ノースマン（Noseman）という街までの約１９０キロを走る予定だ。街自体が久しぶりで楽しみだ。

テントを畳み、荷物を自転車に装備させてカフェへ向かった。バラドーニアロードハウスにはカフェの隣に小さいミュージアムがある。昔の写真や歴史が展示されており、無料で見学できるので訪ねることがあったら是非見て欲しい。

いつも通りに大盛りのブレックファーストを食べて、カプチーノも頂いた。例によって道中には補給ポイントがなさそうなのでマシュマロなどの行動食と水を多めに購入しておく。三日前に出会ったナカムラ氏は既に出発してノースマンへ向かったようだ。

バラドーニアから西はアップダウンが多いコースだ。昇り降りを繰り返し過ぎて、標高の感覚が分からなくなってくる。周りの植物からなんとなく高い場所を走っているというのはわかった。90キロ地点でナカムラ氏を追い越したが、休憩していると追い抜かされてしまう。このように抜きつ抜かれつしていたが、決して一緒に走りはしなかった。そして山道のアップダウンはまだまだ続く。

目的地のノースマンまで残り50キロ地点で急な風が吹いてきた。季節風というよりも突風のようで冷たい。雨の気配を感じる。あたりはあっという間に雲に覆われてしまったが、「どうせそこまで降らないだろう。」とどこか楽観的だった。この国では小雨とも呼べない程度の雨しか経験していなかった。街まであと20キロ、一時間は要するが天気は確実に悪くなっている。遠くには雷が見える。

そして、満を持して猛烈な雨が降ってきた。背中に当たる雨が重く、まるでリュックを背負っているようだ。視界は一気に悪くなり道路が洪水してきている。耳は雨音しか拾ってくれない。

これが大地を極限まで熱して奪った雨量なのか。半端じゃない。

荷物が濡れまいか不安になったが、完全防水のオルトリーブバッグを信じるしかない。ここまで降るとレインウェアは意味がないだろう。雨だとサングラスが邪魔になるので外して走行した。道路は相変わらずアップダウンが続く。

更に気になるのが、雷が光ってから音が聞こえるまでの時間が短いということだ。光ってから一秒以内に爆音の雷鳴が轟く。これは自分中心に半径300メートル範囲に落雷した可能性が高いということだ。

そして山の高い場所を走っているのだ。避雷針などはなく、高い木も少ない。それでいて時々平原のような場所を走る。更に、筆者のバイクのフレームの素材は「鉄」なのだ。雷相手に危険すぎる条件しか揃っていない。

恐怖感に包まれてから気がついたが、日本において高いものがない広い場所で雷に遭遇するケースはほとんどないだろう。大抵は近くに家やアンテナがあるものだ。

どうすべきか、パーキングがあったら退避して自転車から離れた方がいいだろうか、しかしベンチも屋根もないパーキングで止まったら低体温症が怖い。時間も夕方で気温は下がる一方だし、そんなことをしていたらモーテルのレセプションに間に合わないかもしれない。それこそ詰みになる可能性が高いのではないか？

（この状況は本当にヤバイな。）

人生でここまで落雷に危険を感じたことはない。格闘家だからってパンチは避けれても雷を避けれる訳がない。気がついた時にはあの世だ。こういう状況になると、頭は無駄に冴え渡り、色々なことを考えてしまう。

空気の電気抵抗をぶち抜き、大気から地球へ流れようとする電気は最も抵抗が低いルートを選ぶだろう。鉄の電気抵抗は木に比べたら桁違いに低い。どう考えても筆者に落雷する可能性が高い。できるだけ頭を低くして走るしかない。

（それでもタイヤがゴムだから電流は流れないか？）

（いや、タイヤ表面の水を経路に電流は流れてしまうだろう。）

（体表やウェアには汗で電解質も存在してる。雨で流れきっていないかもしれない。）

考えれば考えるほど条件は悪い気がしてきた。

『豪 落雷で邦人サイクリスト死亡 プロ総合格闘家』

なんと突っ込みどころ満載の見出しなのだ。絶対に全国ニュースになってしまう。落雷という死因は考えてなかった。ナカムラ氏の心配をしたが、あの方は登山のスペシャリストでもあるので雷や雨の対処は筆者よりも優れているはずだ。問題ないだろう。自分のことだけを考えて一心不乱に自転車を漕いだ。

ラッキーなことに雷に打たれる最悪の事態は回避できたようで、なんとか無事にノースマンに到着できた。久しぶりの街だが心身に余裕はない。大通り沿いにモーテル兼業のガソリンスタンドがあったので中に入ると、何故かサイクリストが多い。多くの人が同じ蛍光色のウェアを着てる。

どうもオーストラリアを横断するサイクリングイベントらしい。そういえば数日前にロードハウスにいたサイクリストも同じような蛍光色のウェアを着ていた。筆者とは逆方向でシドニーを目指しているようだ。そしてこの雨でノースマンに足止めになったのだろう。レジで宿の値段を聞くと150ドルと言われた。今まで一番高いではないか。

(足元見やがって、吊り上げやがったな。)

店員も値段が高いのがわかってるような言い草だ。きっとこの雨で部屋が埋まりそうなのだろう。それでも他に選択肢はなく、寒さで体も震え出している。一刻も早く暖かいシャワーを浴びたかったのでチェックインした。部屋は広くダブルベッドが並んでいる。シャワーに直行して温かいお湯を浴びると一気に緊張が解け、生きていることに安堵した。指先などはまだ真っ白で冷たい。

レインウェアを羽織りガソリンスタンドへ戻って、ランドリーで洗濯をした。いつもは水道で手洗いなのだが、今夜の天気では脱水までしっかりしなければ乾かないだろう。その間に恒例のハンバーガーを食べる。

追加の食料を買って部屋に戻るも、実はここからが大変なのだ。荷物の濡れの状況を確認して濡れているものは乾かさなくてはいけない。

バッグ類の中身は大丈夫だった。さすがは信頼性ナンバーワンのオルトリーブである。開口部もトップロール式で水には強いのだ。テントはほんの少し濡れたが、一応防水の袋に入れていたので被害は最小だった。むしろ泥除けとして機能してくれたみたいだ。その他のフロントバッグ、トップチューブバッグ、サドルバッグなどは中身を全て出して至る所に干した。エアコンは朝まで暖房にしてフル運転してもらおう。最大の問題は乾きにくい靴だ。濡れた靴で一日中自転車を漕ぐと蒸れが酷くて不快すぎる。これはひたすらドライヤーを当てるしかない。火事が怖いのでドライヤーが駆動している間は寝ないようにしなければ。疲れているが今夜は長期戦になるだろう。

自転車をバスタオルで拭いていると、スポークが折れていることに気がついた。ようやく作業も終わりだと思っていたところに新たな問題が舞い込んでくる。ちなみに筆者は今までスポークを折ったことはない。今回の自転車を組んでもらった時も「スポークはまず折れない。」と店の親父の言葉を信用したのが間違いだった。どの旅行記を読んでもスポークは折れているので、都合のいい情報と知ってて流された点は反省しなければならない。原因は後輪側への超荷重だ。この街に自転車屋はあるだろうか。

靴が乾いて就寝に移ったが、この部屋は扉を閉めても蚊が入ってくるようで鬱陶しい。これで150ドルか。

西の都パースへ

2019年3月27日

びしょ濡れになったノースマンを出発してから6日、この日は遂に西オーストラリア州(WA)の州都パース(Perth)に到着する。

朝を迎えたのはベイカーズヒル（Bakers Hill）という峠道にある小さな集落だ。アニメ「名探偵コナン」に出てきそうな街の名前だと思ったのは筆者だけではないはず。クールガーディから西は街も多く追い風に恵まれて快調に進んでいた。そしてついにWAの州都であるパースの喉元にまで来たのだ。

この街には宿がなく、昨日は日が暮れて動けなくなってしまったので公園でテント泊をしていた。すぐに出発準備を整えて公園から脱出する。この公園は蚊が多くて昨日から十ヶ所以上刺されているので、すぐ退散したい。

近くにパイ専門店がある。チェリーパイとかミートパイとかのパイだ。日本ではそこまでパイを食べる機会はないが、こちらでは非常にポピュラーだ。入店してレジでビーフとチーズのパイを買って席に着いた。パイ生地の中身がビーフシチューになっている。どれチーズの方は・・・ビーフシチューにチーズが加わった感じだ。つまり同じ様なパイを二つ購入したことになる。それを店内で一人で食べているのだから変な客に思われただろう。

そしてパイは見かけのかわいらしさに反してボリュームがかなりある。これらのパイを食べると、朝7時過ぎだというのに「今日は昼飯いらないな。」と思ってしまったくらいだ。

しかし、ここは変な客のレッテルを払拭すべく、もう一つ買わなければならない。スイーツ系のパイを追加して、更にカプチーノも注文した。ここまできたらお腹がはち切れるくらいまで食べてみよう。スイーツパイは苺と生クリームの外見だが生クリームが甘くない。甘みが感じるのはフレッシュ苺からのみで、酸味も相まってかなり控えめな味だ。日本ではこのルックスで甘さ控えめなパターンはないので新鮮で良い意味で期待を裏切られた。食い過ぎで気持ち悪くなったが、本日のライドスタートだ。

パースまでは60キロなので、トラブルがなければ遅くとも正午には着くだろう。壊れた自転車の荷台が後輪に当たって、その都度直すことになったが快調に進んだ。

ついに西海岸最大の都市であるパースの都市圏が近付いてきた。パースの海抜高度はほとんど0メートルなので東方面からは山を下って突入することになる。ミッドランド（Midland）というパース都市圏東に位置する街を眼下に見渡し、ロングダウンヒルに突入した。これまでの登りの鬱憤を晴らすかのように自転車は一気に加速した。スピードを落としている大型トラックを簡単に抜き去るほどのスピードが出ている。車に気を配りながら長い下り坂を一気に走り抜けた。

都市圏に入ればあとは簡単だ。時々スマホで地図を確認しながら、バッパーが多いセンター街を目指せばいい。宿は「THE HIVE HOSTEL」通称ハイブという宿にした。明日からは自転車の修理ができる自転車屋を探さなければならない。どれだけの滞在になるだろうか。ハイブでもドミトリーでチェックインした。部屋はエアコンが常に稼働していて少し寒い。運がいいことに二段ベッドの下が空いている。上だと登り降りが面倒なのだ。夕方まで仮眠しよう。

毎回楽しみなスーパーでの食品購入の時間がやってきた。宿から一番近い「Woolworth」へ歩いて向かう。パン、卵、ベーコン、ヨーグルト、トマト、果物などをカゴに入れていたその時、

「お～鎌田さん。」と名前を呼ばれて顔を上げると、そこにはナカムラ氏の姿があった！

あの雷雨で消息がわからなかったが無事だったようだ。（お互い連絡先は知っていたが特に連絡はしなかった。）話を聞くと本日でパース三泊目とのこと。筆者より二日も早く到着していたようだ。そしてあの雷雨まで話は遡った。

「雷であそこまで危険を感じたのは初めてだったよー。怖かった。」とナカムラ氏は言った。

山登りのスペシャリストであるナカムラ氏にとってもあの雷は相当に危険なものだったようだ。お互いに生きててよかった。ナカムラ氏は明日の飛行機で日本に帰るらしい。

この日の夕食はヨーグルトにフルーツと軽めに抑えてパースの街を散歩することにした。若者が多い街と聞いていたがどうやら本当のようだ。驚くことに時々日本語も聞こえてくる。そして日本食レストランも多い気がする。

東海岸のシドニーから始めた自転車旅も西海岸のパースにまで到着した。これでオーストラリア横断は完遂したことになる。長いようであっという間だった。達成感もあるが、まだまだオーストラリア一周の全行程の半分にも到達してないくらいだろう。暗いドミトリールームの自分のベッドでそんなことを考えていたが、昼寝の甲斐もなくすぐに眠りに落ちた。

自転車修理に費やしたパース生活

さて、アデレード〜パース間の約2800キロの走行で壊れた自転車の修理をしなければならない。なんとかこの街に辿り着いたが、果たして修理可能な自転車屋はあるのか。

パースのセンター街には自転車屋が多い。いくつか回ったがフレームが破損しているので修理できないと言われた。なんとなくそんな気はしていたので残念だ。そうなると選択肢は、
① フレームの交換 ➡ コンポーネントと荷台の移設：コスト極大
② 完成車購入 ➡ 荷台の移設：コスト高
③ 特殊な荷台に交換：コスト低
上の選択肢だと第一候補は荷台探しになるが、フレームに直に取り付ける特殊な荷台が店に売っているとは思えない。更に積載荷重も小さいのでツーリング使用は現実的ではないだろう。オーストラリアの通販は商品が届くまでに二週間かそれ以上の時間が掛かるのでできれば使いたくない。

5軒目くらいの自転車屋で「直せる店」を知っていると言われた。更に荷台も十分に使えるから新たに買う必要はないという心強い言葉を頂いた。八方塞がりだったが光が見えてきた。

紹介された店は「North Perth」というエリアにある自転車屋だ。センター街からでも徒歩で十分行ける距離で、建屋は無骨な感じだった。ロードバイクがディスプレイされているという感じの店ではない。店外か

らだと自転車屋だとは気がつかないかもしれない。店内は目の前にカウンターがあって、作業待ちの自転車が何台か停まっていてとても狭い。これは職人タイプの店だと直感で理解した。期待できる。

店主が不在で奥さんが対応してくれて、なんとか話を通して自転車を置いてくる事ができた。故障箇所も撮影していたし、修理が不可能な雰囲気ではなかった。ひとまず来週にくるという連絡を待つしかない。オーダーしたのはフレームのダボ穴（ネジ穴）とスポークの折れたホイールの修理だ。あとは寝て待つだけ。果たして無事に直るだろうか。

4日後、自転車屋からのSMSメッセージを受信した。

「料金は528ドル、よければ作業を進めるので連絡ください。」

日本円にして4万円くらいだ。もっと多い出費も覚悟していたので全く問題ない。ということで依頼すると、その二日後には完了の電話をもらい、自転車を取りに向かった。店主と思われる男が出迎えてくれて、「直したぜ。」と得意げに言った。

筆者の自転車はあっけなく直っていた。フレームに新しいネジ穴が完璧に溶接されている。しかも強度も増しているではないか。補修部の再塗装もされているし荷台もしっかり固定されている。折れたスポークも新しくなってガタガタだったホイールも調整されている。この仕事は過不足なく完璧だった。賞賛の言葉すら蛇足になりそうなほど綺麗な仕事で感動した。芸術を感じた。

鉄のバイクフレームは「溶接で修理できる」というのは知ってはいたが、実際に何処でどの様にやってもらえるのかは分からなかった。まして、情報や言語に不利なオーストラリアである。この店に出会えたのは本当にラッキーだった。予備のスポークも一本貰って料金も480ドル（当時で約35000円）にまけてくれた。難問だった自転車修理が一番いい形で完了した。これでパースを離れることができる。まだ旅を続けられるのだ。

今回の故障の原因は後輪への超荷重が原因でほぼ間違いないだろう。強度はアップしたので荷台の部分は大丈夫だろうが、ホイールのスポークがまた折れそうではある。そしてこの不安は数ヶ月後に的中する。

思い付きで飛んだスカイダイビング

2019年3月11日

パースを出発して二日が経った。シドニーから今までは西を向いて走っていたので背中、右半身、正面の順に日光に焼かれていた。これからは北に向くので右半身、正面、左半身の順に焼かれることになる。

辿り着いたのはジュリアンベイ（Jurien Bay）というパースから200キロ地点の街だ。このあたりはまだ街の間隔も50キロほどなので補給に困ることはない。名前からも分かるように、この街は湾になっていて岸からは綺麗な海と島がいくつか見える。小さな街だがスーパーもあればキャラバンパークもある。のんびりした雰囲気がする行楽地のようだ。

道沿いに「SKYDIVE」とピンクの文字で書かれた看板が目についた。様子を見に建物の中に入ると、おじさんが明日の午前中なら飛べると案内してくれた。スカイダイビングの経験はないのだが、なんとなく興味はあったので、安易にチャレンジしてみるかと決断してしまった。そして案内に従い、このジュリアンベイで一泊し、翌朝にスカイダイビングをしてから次の街を目指すというプランを組み立てた。

都合の良いことに「SKYDIVE」の目の前にはキャラバンパークがあったのでチェックインする。時間的に余裕があるのでテント泊にしよう。

このジュリアンベイの良いところは、街の中心に全てが小さく集約されていることだろう。インフォメーションセンター、ショッピングセンター（小さいCAFEやスーパーマーケットがある）、キャラバンパーク、ビーチ、PUB、そして「SKYDIVE」が全て徒歩数分圏内で隣接しているだ。ついでに警察署もあるので、悪いことをしていない筆者は心理的に安心する。

早速ビーチで泳いでみる。オーストラリアといえば海なのだが、自転車生活のため海水浴をほとんどしていない。綺麗だと噂の西海岸の海へ勇んで入るとクラゲに刺された。パークに戻ってシャワーを浴び、洗濯をしてから食事にした。夕食はシリアル、ミルク、サラミ、バナナと調理不要のメニューで簡単に済ませる。トイレから戻ってくると小雨が降っていた。怪しい雲はあったのだが、天気予報が晴れだったので油断した。これから気温は下がるので濡れたものはほとんど乾かないだろう。洗濯物は干しっぱなしにするがテントが濡れてしまった。フライシートを被せてきたので被害は少ないが、適当に被せたので結構濡れている箇所もある。幸いにして寝袋は濡れていなかったので無事に寝れそうだ。

２０１９年４月１２日

キャラバンパークを出てスカイダイビングのオフィスに到着してオープンを待つ。8時オープンのはずがオープンしたのは8時20分頃だった。日本だったら問題だが、オーストラリアでは特に驚くことではないのでグーグルレビューで酷評されることはないだろう。

美人な受付のお姉さんに声をかけてエントリー開始だ。飛び方は「タンデム」にした。インストラクターと合体して一緒に飛ぶやつだ。というかソロダイブは経験が無いと飛ばせてくれない。初回ならタンデム一択だろう。高度は一番高い14000フィート（約4500メートル）を選択した。そして保険に入るかどうかの項目、スカイダイビングの保険がおりるのは死ぬ時だろうから、独り身の人間に必要だろうかと一瞬悩んだが、考えるのが面倒になったのでアリにした。最後に写真、動画系のオプションを全て付けたら合計で700ドル（約56000円）になった。

支払いをしたらビデオルームで講習映像を見る事になる。同時にエントリーしたベルギーの女の子二人と一緒にビデオ鑑賞だ。落下フォームなどをビデオで指南される。誰しもがテレビやユーチューブでスカイダイビングの映像を一度は見たことがあるだろう。しかしこれから自分が飛ぶという状況で見ると緊迫する。女の子二人もそれなりのリアクションをしているし、息遣いも大きくなってきた。三人とも初体験だ。

ビデオを見ると準備ができるまで待機が命じられる。この辺りから徐々に恐怖と後悔が大きくなってきた。どうやら、ベルギーガールズの次のフライトで空へ行くようだ。二人を見送り待つこと十分くらいでハーネスの取付がいよいよ始まった。エントリーは別だったが男女のカップル一組が同じフライトのようで一緒にハーネスを付けている。トップガンみたいになった我らはバスに乗り込んでビーチへと向かった。

砂浜のビーチがランディングポイントになっていて、そこでフライトを終えたインストラクターと合流し、飛行機へ向かう算段だ。快晴で太陽が眩しいが、上空を舞う飛行機を発見できた。そしてパラシュートも見えるのでベルギーガールズは飛んだのだろう。着陸を終えたインストラクターがやって来て挨拶をする。筆者の担当はアッシュという女性だった。アッシュが手に持つゴープロの前でインタビューを受ける。ビデオオプションの映像で使用するのだろうが、自分の心臓の音が大きくなってきたのを感じる。

ハーネスを整え、バスに再度乗り、遂に飛行場へ向かった。装着しているハーネスが緩い気がするのだがこれでいいのだろうか。バスの中でカップルに選択した高度を聞くと1０００フィートにしたと言っていた。ベルギーガールズも1０００フィートだ。折角飛ぶのだから最高高度で飛ぶのが一般的な考えだと思ったんだけど、なんで俺だけなの？

バスが飛行場に到着し、小型セスナに乗り込む。最後にダイブすることになるので最初に乗り込み一番奥に座った。機内には旅客機のような椅子はなく。平均台みたいなのが二列あるだけでそれに跨って座るだけだった。

全員乗り込むと、感傷に浸る間もアナウンスもなく飛行機が動き出した。小さい機体だと翼のネジまで見える。あのネジはしっかりと締まっているのだろうか。内装の剥げている箇所を見ても不安を煽られる。インストラクター達は盛り上げようとエンジン音にも負けないで騒いでくれているが、客側は苦笑している。インストラクター陣は慣れているのだろうが、機内は大変な心理状態へと突入している。

機体が加速する度に慣性を感じ、体が置き去りになっている気がする。重力を切り離し機体はついに浮遊した。いつもより「体を吊り上げられた」感じがするのは緊張のせいか、それともセスナとジャンボ旅客機の差だろうか、自由になった機体は一気に高度を上げていく。ベイ（bay：湾）と言われるだけあって湾がしっかり見える。青々とした海も綺麗だ。インストラクターが「ここのビーチが一番綺麗だ。」と言っていたのはまんざらじゃない。

　そしてパースから自転車で走ってきた道路もよく見えた。茶色の大地に白線で描かれる道路は人工物である事がハッキリわかる。日本離れしたそれらのコントラストも日常ではない雰囲気を演出している。緊張で強張りながらも冷静になっていく自分も居た。

（ここから落ちるっておかしいよね？）

（怖いというレベルではない。）

（ケージに入って試合した方がマシだ。）

　と思っていた時、インストラクターのアッシュが耳元で喋ってきた。

「このパイロット、さっきビール一杯飲んでたんだよ。クレイジーだぜ。」

　パイロットに目線を向けると手で酒を飲むリアクションをしている。演出だとは思うんだけど目がトロンとしているのが気になる。促されるまま引きつった笑顔でアッシュとハイタッチした。何のハイタッチなんだよ。

　遂に10000フィート（約3000メートル）に到達した。いよいよカップルの二人が飛び立つ。インストラクター同士が金具のダブルチェックをやっているが、トリプルチェックくらいした方がいいのではないだろうか、全日本国民の総意を伝えようと思った時、急にハッチが開いた。

　風が機内に入り込んで暴れている。当たり前だが、ハッチを開けて見える風景は生の景色だ。

　上空3000メートル！

　インストラクターに抱えられるように、まずは彼女の方がハッチから足を出して座り込み、ダイブ！

一瞬で飛行機後方へ吹き飛んで消えた。映画だ。ただの映画だ。大統領が頑張るやつ見たことある。そういうのそのままだ。

間髪入れずに男性の方も開いたハッチに腰掛け、ダイブ！

彼は祈っている様に見えた。

ハッチが閉まり空気が一旦落ち着いた。次は14000フィート（約4200メートル）まで上昇しなければならない。富士山よりも高いのか。その高度から見る景色は明らかに10000フィート（約3000メートル）とは違かった。どうしようもない高さに、何かを色々諦めたような気がした。そして、セスナのパイロットさん・・・今スマホ見てたよね？

「最後はソロで飛ぶ人と一緒だから、前の二人より楽しいよ。」とインストラクターが言い、再びハッチが開いた。

誘導されてそこに座り込む。機体と空の境は思ったよりも風の圧力が少ない。足は宙ぶらりんだ。4200メートルの上空で。

（そういえばタイミングとか聞いてないな、掛け声あるのかな？）

「ねぇ、アッシュ・・・」

「3・・・2・・・」

（カウント3からは早くない？？）と思った瞬間、空に落ちた。

落下だった。英語で「FreeFall」これ以上の表現はない。飛び出た瞬間に恐怖は消えた。単純に「恐怖」に意味がなくなったからだと思う。

綺麗な海を空から望む。

まずは風圧だった。寒いとか感じる余裕はなく圧が凄い。加速感、速度感は直ぐに分からなくなった。

状況は刻一刻と変化するようで、眼前にソロダイバーが現れ握手を求めてきたのでとりあえず応じた。ただし、かなり強く握ったので痛かったかもしれない。口を開けると一瞬で乾いてしまう。水分が吹き飛ばされている。

風を切る轟音と共に大地が近付いている。普段飛ばすドローンは高度１２０メートルが限界だ。その遥か上空にいるのだ。まさか自分がドローンになる日が来るとは思ってもいなかった。景色はとんでもなく綺麗だった。

この速度だと水がコンクリートみたいな硬さになると言うから、海に衝突したら体が微塵になるんだろうなと思った瞬間、肩のハーネスが少し緩んだ・・・。汗が噴き出し、心臓を吐きそうになったが、それは開いたパラシュートの衝撃だった。

インストラクターは見事にパラシュートを開いてくれたのだ。パラシュートの操縦も教えてもらった。言われた通りに片方を上げて、片方を下げると旋回する。これはこれで結構怖い。操縦を代わり着陸ポイントのビーチへ向かった。ランディングポイントへと誘導する矢印が砂浜に描かれている。砂浜にお尻からドサッとランディングし、着地は成功した。アッシュとハグを交わしてスカイダイビング初挑戦は終了した。

情けないのだが、立ち上がるとフラついてしまう。強力なハイキックを貰ってダウンしたかの様だ。これから自転車で次の街に向かうのは絶対に無理だ。もう一泊して明日にしよう。

世界遺産グレートバリアリーフでシュノーケリング

2019年4月20日

ジュリアンベイを出発してから一週間が経過した。西海岸をひたすらに北上している。というのも、今日中にオーストラリア西海岸最北の街であるエクスマウス（Exmouth）まで行かなければならないのだ。スカイダイビングの時に一緒に飛行機に乗ったカップルのデイビッドとティメアに誘われていたのだ。エクスマウスまでは約1000キロで行けなくもないと思って承諾したら案の定ギリギリだ。しかもメインのルートから片道200キロ以上も離れる。

昨日滞在したのは、コーラルベイ（Coral Bay）という海沿いの観光街だ。エクスマウスまで140キロの地点である。短い距離ではないのでホステルをチェックアウトしてすぐに街を離れる。この日の朝は珍しく霧が出ており、広い平原が神秘的な雰囲気だ。霧自体オーストラリアでは初めての体験だ。それでも太陽が少し昇ると、気温が一気に上がって何も無かったかのように霧消した。草原のような場所を走っていて気持ちがいい。そして蟻塚らしきものが奇岩の様に乱立しているから本当に物語の中の様な景色だ。

途中にあるエクスマウス空港を抜けて、夕方前に待ち合わせ場所であるエクスマウスの街に入った。街とは言え僻地である。相変わらず携帯は圏外で、無線Wi-Fiを求めてインフォメーションセンターへ向った。デイビッドからの連絡を待つ間にカフェでミルクシェイクを注文し、あとはひたすらユーチューブをみて待機する。Wi-Fiは快適だったが一時間の制限があったので、ここで連絡が取れないと面倒だ。水族館も併設されている施設だが入場する余裕はなさそうだ。

デイビッドから返信があった。彼はここから更に17キロ北にあるキャラバンパークにいるらしい。完全にオフモードで走るつもりはなかったが、追加で1時間走る事になってしまった。文句を言っても他に選択肢はない。自転車乗りはペダルを回すことでしか問題を解決できない。直ぐにそのキャラバンパークへ向かった。

街を抜けて「ニンガルー・ライトハウス・ホリデーパーク」に到着した。北西部の半島の先に位置するキャラバンパークだ。ガソリンスタンド、カフェ、サーフショップなどがある大きな施設で、ニンガルーナショナルパークに近い。グレートバリアリーフで守られた豊かな海でサーフィンやシュノーケリングを楽しむこともできる。

レセプションの前でデイビッドと合流した。スカイダイビングをして以来八日ぶりだ。彼はエクスマウスへ向かう道路の途中で自転車に乗っている筆者を見たと言っていたが、ヘルメット、マスクをしていたから気がつかなかったらしい。自転車でこの場所を目指す奴なんて他にはいないと思うのだが。

デイビッドがテントを張っている区画に加入して4泊滞在することになった。彼が事前に自転車の友達が一人来るとレセプションに伝えていたのでスムーズだった。スクールホリデーとイースターが重なったハイシーズンのキャラバンパークは超満員で、本当にキャンプが好きな国民なんだなと思わされた。テントではティメアとも再会できた。

区画内の木を使わせてもらって良い具合にテントを設営できた。こうなると四泊だろうが快適に過ごせる。空中に浮いているテントで寝ていたら「ジャパニーズコアラ」という愛称をティメアから頂いた。

シャワーを浴びて夕食の時間だ。今夜は二人が「カンガルーバーガー」を作ってご馳走してくれた。カンガルーの肉はほとんどが赤身でアスリートにも人気の食材だ。少し獣臭さはあるが普通にスーパーで入手できるお肉だ。

この国では自転車と格闘技以外のことはほとんどしていなかった。海でオーストラリアらしいことをしてみよう。

テントサイルは物を吊す場所に困らない。

2019年4月21日

日の出前に教会へ行くと言っていたのでまだ暗いが起床した。日本人に馴染みは薄いがこの日は「イースター」なのだ。

キャラバンパークから見える崖の上に古い灯台があってその周辺が教会になっている。夜明け前に到着すると人が続々と集まってきた。教会と言っても建屋はなく、野外に椅子が並べられているだけだった。指名された人が聖書の一節?を読み上げ、それを椅子に座って聞くという感じだ。最後は全員が起立して歌った。もちろんほとんどの英語を理解できなかった。

徐々に明るくなり橙色の太陽が崖を照らす。夜明けで気分が悪くなるという人間はいないだろう。清々しい。出席者にはパンとコーヒーが配られた。こんなところにもしっかりとフレッシュミルクを持ってくるのだなと思いながら、紙コップにたっぷりとミルクを注いだ。

午後には二人の車でナショナルパークへ出発した。ナショナルパークとは自然を守るために自治体や国で管理している公園だ。ここまで自転車で旅をしてきたがナショナルパークは初めてだ。ナショナルパークは更に奥深い場所にあって補給線が途絶えるので自転車で訪れるのは難しい場所で見送っていたのだ。入園にはゲートでチケットを購入する必要がある。

時々ある人工物は観光用か管理の為の施設だろう。それ以外は道路が走っているだけの手付かずの自然だ。遠く左手には壮大な岩場の高地が続いている。本気で探せば未発見のアボリジニの遺跡とかナニカがありそうなほど広大だ。

デイビッドがその風景に対して「This is Australia.」とだけ言った。まさにその通りだ。この言葉は旅が終わっても心に留まる重要用語になった。

車窓からはイーグルも見えた。アボリジニ達にとって重要な生き物だとデイビッドが教えてくれた。更にイーグルは山火事を延焼させると言っていた。火事で炭の様になった木片を足で捉えて別な場所まで運び、新たな火事を起こして蛇などの小動物を炙り出すらしいのだ。まったくとんでもない奴らだ。

目的地のビーチに到着した。なんというか、まさにビーチという感じで、映画やドラマに出てくる様な綺麗なビーチだ。難破して漂着するならこんなビーチがいいものである。浜に自立式のテントを建てて場所を確保し、日焼け止めを全身に塗り海に向かった。

言い忘れたがオーストラリアの北部は赤道が近いので南部よりも暑さが厳しい。南半球の4月下旬は日本で言うところの秋だが、気温は30℃前後は当たり前だ。北部は四季というよりも乾季と雨季に分かれている。筆者が訪れた時は丁度、乾季に入った頃だと言える。自転車旅にしてみたら雨の方が嫌なので、殺人的な日光に我慢できるのであれば旅のペース、タイミングは絶好だったと言える。

安い水泳ゴーグルだけの装備で海に入ろうとしたら、「シュノーケルを着けろ！」と2人に激しく言われ、渋々試したが無理だった。シュノーケルはどうも合わない。呼吸に鼻が使えないのは不便だし、息継ぎをしなくてもいいというメリットがあるが、自分からは見えないシュノーケルの口先を信用しきって口で呼吸するのはリスキーで筆者にとっては逆に危険だ。小学生の時にスイミングスクールに通っていたので泳げる方ではあるが、シュノーケルを付けると溺れそうになる。断固ゴーグル派だという決意を固めた。

数10メートル泳ぐとサンゴ礁を見ることができて色々な魚が目に入る。やはり視界がクリアな海水浴はとても面白い。中でも驚いたのはウミガメだ。優雅に海を泳ぐ姿がとても魅力的だ。他の海洋生物は素早く動いていて捕まえるなど不可能に近いが、ウミガメは危機感ゼロでのんびりと泳いでいる。海専門で生まれてきたくせに人間より遅いとは笑わせてくれる。

お次は怖かった生物だ。それは海底の砂に隠れているスティングレイ（stingray）つまりエイだ。海底付近を潜水していたら細長い魚らしきものを発見した。近づいてみたら、エイの禍々しい尻尾だった。ビックリして驚き離れて急浮上した。体長は1メートルとかなり迫力がある。「危ないから真上には絶対に行くな。」とデイビッドに言われた。尻尾に刺されるらしい。カエシもついてるし毒を持つ種類もいるので怖い。

他にもタコや魚の群れがそこら中で観察できて楽しめた。ちなみに一度海へ出ると二時間は泳ぐ。一緒の二人はフィン（足ヒレ）を着けているが、筆者はもちろん素足・・・しかもゴープロを片手に持って撮影しながら泳いでいる。自転車はオフ日で休息しながら楽しむつもりだったが疲労感がとてつもない。自転車より疲れている気がする。帰りの車では寝てしまった。

２０１９年４月２２日

三日目はジンベイザメツアーに行くことになっている。発端はデイビッドとティメアだ。二人が絶対オススメだと言い張り、なかば勝手にツアー会社に電話してくれてハイシーズンにも関わらず強引に予約をしてくれたのだ。料金は４５０ドル（約３６０００円）くらいで、朝から始まる一日ツアーだ。

迎えのバスが到着するまでキャンプ場内のカフェで過ごすことにし、ワッフルと抹茶ラテを頼んだ。甘いワッフルにハチミツ、アイス、チョコ、キャラメルと殺人級の甘さだが、連日の海水浴では後半にエネルギーが尽きて凍えるのでしっかり食べておこう。抹茶ラテは粉っぽかった。

遅れてやってきたバスに乗り込んで席に座る。バス内ではガイドの女性が到着までの車内を盛り上げている。欧米人のこういうエンターテイメント力は本当に尊敬する。マイクなんか使わずに地声でガンガン盛り上げる。

船着場に到着してボートに乗り込み、本船へと向い、支給されたウェットスーツに着替えると、スタッフからジンベイザメ（While Shark）に対して「近付き過ぎない」「正面を泳がない」などの注意点を教えられた。不安だったのはフィンとシュノーケリングゴーグルが支給された事だ。どちらも不要と伝えたが最初のウォーミングアップで練習しようと言ってきて話が噛み合っていない。このインストラクターもわかってないな。ウォーミングアップが始まったのだが慣れない装備で海に入ったので全く動けない。フィンを付けているので足はクイックに動かせないし、平泳ぎもできない。足を動かすと装着部が足首に触れて痛いのだ。

インストラクターの浮きに掴まってサポートされる始末で完全にお荷物である。ウォーミングアップが終了して船に引き上げられた。不満をインストラクターに伝えたが、オーストラリアの観光協会だかなんだかの決まり事で、フィンは付けなくてはいけないらしい。しかしシュノーケリングだけは外させてもらった。

「息継ぎが必要になるけどいいのか？」と聞いてくるが、なんの問題があるのだろうか。

そして船は速度を上げて更に沖へ動き出した。結構揺れて気持ち悪い。早速船酔い気味になってしまった。ジンベイザメ発見との報告を受け、全員が海に飛び込むと、筆者はインストラクターの浮きに掴まる様に指示を受け、またもや引き回されることになった。引きずられながらも下を見るが海底は全く見えない。下方に青い空間が広がっている。

そして主役のジンベイザメはゆっくりと姿を現わした。デカイ・・・。人間なぞ気にしないと言った感じで優雅にたたずんでいる。体の下部や横には小さな魚がくっついて一緒に泳いでいる。全員がジンベイザメの跡を泳いで追いかける。

海の生物にはなんとなく怖さを感じる。スティングレイやタコを見た時もそうだったが、この恐怖感は生存競争で負けた遺伝子が作用しているからなのではないだろうか。「人間は海から逃げて陸に上がった生物の子孫」であるとも言えるだろう。そんなことをふと考えた。

フィンは必須だが、二回目以降から単独行動を許された。ジンベイザメを船で追いかけて海に入るというのを計三回行って、最後は希望者のみで水深10メートルくらいの場所でフリーシュノーケリングを楽しんだ。筆者は船酔いが厳しいので、毎回急いで海に飛び込んだ。海にいる方が楽なのだ。酔い止めの薬を準備しておけばよかった。

ツアーも終了して船内では食事の準備が進められている。セルフ式のハンバーガーで船中央に野菜やチキン、ハムなどの具材が並んでいる。体調的に厳しいが折角なので一つを食べよう。食後は船酔いで吐きそうだったので寝ることに努めた。若干回復したが船は揺れ続けているので体調はまだ厳しい。スタッフがシャンパンを配ってくれたが飲む余裕はないのでスルーした。

食事が済んだらそのまま小型ボートに移り船着場まで送迎されてキャラバンパークへ戻った。陸が近付いた時は歓喜し

優雅に泳ぐジンベイザメ。

たものだ。いよいよ明日はチェックアウトとなり、これで四泊五日に及んだニンガルーナショナルパークでの生活が終了となる。

誘ってくれたデイビッドとティメアには色々お世話にもなったし感謝しかない。また、この生活で英語も上達したように感じる。キャンプだと話す時間が多いからネイティブとのキャンプは英語学習にかなり有効ではないだろうか。

最後の夜にはお隣でキャンプをしている一行が釣った魚を頂いた。つい先ほど釣れた鮮魚の捌きたてだ。その巨大で肉厚な魚のステーキを三枚、鉄板に敷き詰めて焼き上げる。フタをして火を通している時間がもどかしい。

炊飯大臣になった筆者は持っていた日本米を炊く。火加減などが変わると難しいからいつものアルコールストーブ（trangia）とステンレスパン（MSR）で三人前を炊いた。本日別行動だった二人も腹ペコで魚ステーキを前にして目が血走っている。サーフィンスクールを受けてきたらしい。

鉄板のフタを開けて立ち込む白い湯気は一瞬で暗い空に消えて、火が通って身の色がピンクから白色に変わったステーキが現れた。塩と胡椒を振って取り分けてかぶりついた。味や食感はブリの様な感じだ。天然物らしく淡泊だったがプリプリして柔らかく、とてつもなく美味しい。そこに炊き立てのご飯を口に詰め込む。シンプルに塩味もいいのだが、醤油を持っていないのがこれほど悔やまれる日はない。

そして食後にはデイビッドがギターを取り出し、それに合わせてティメアが歌った。その歌声とギターの音色は静かなキャンプサイトの夜を壊さないように奏でられている。音がテントやキャビンの間を縫ってスッとどこかへ消えていく。演奏終わりには、どこからか小さな拍手が聞こえた。

明日はエクスマウスのセントラルへ行き一泊する予定だ。旅の再開の準備と本当の休養をしなくてはならない。

終わることのない向い風

2019年4月26日

エクスマウスを出発して二日目、この日はオーストラリア自転車旅で最も過酷なライドとなった。夜空が白みがかってきた頃に起きてテント撤収とパッキングをしていたら早速ハエがたかってきて思わず「えっ、もう?」と言ってしまった。ハエ達の早朝出勤で清々しい朝を満喫する余裕はない。共用キッチンの冷蔵庫に冷やしておいたグレープフルーツとシナモンロールを食べる。朝食には少ないが食料に余裕が無いので仕方がない。

オーストラリア北西部のギラリーア(Giralia)キャラバンパークを出発した。舗装路までが遠くダートを歩くことからスタートだ。時々タイヤが砂で滑ってしまうので、重くて不安定なバイクを押すのは本当に疲れる。舗装路に戻った頃には8時を過ぎていた。

とにかく風が強い日だった。風に煽られながらも懸命にペダルを回し、30キロ地点に屋根のある休憩所が見えてきた。屋根があって「影」があることが重要なのだ。この国では定期的に日陰に入らないと死んで

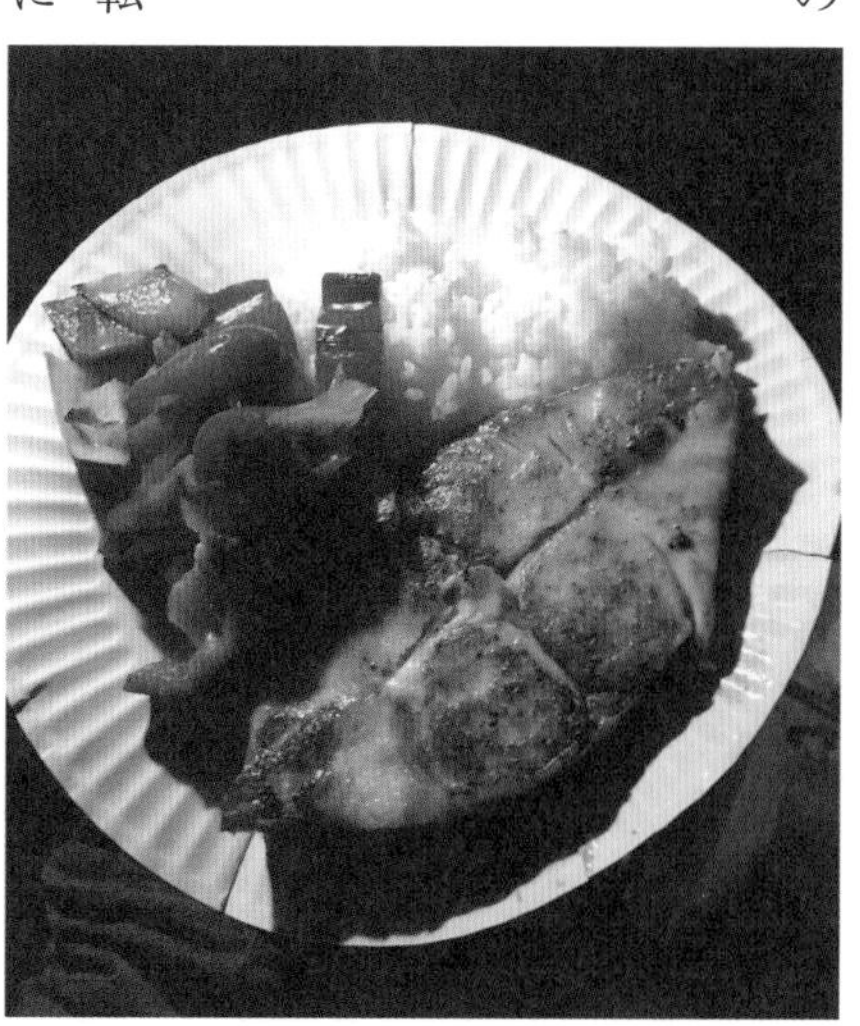
食べ応え十分の魚ステーキ。

しまう。このパーキングはハイウェイとのT字路に設けられている。ようやくハイウェイに戻ってきたのだ。この時点でエクスマウスまでの往復400キロの長い道草が終了したことになる。靴を脱いでベンチに寝転がって休憩する。足を高くあげて血を心臓に送り返し回復を待つ。三十分は休憩してしまっただろうか。自転車に戻って北東へ進む。

オーストラリア北西部を走る道路を「ノース・ウェスト・コースタル・ハイウェイ」と呼ぶ。この日は約150キロの走行予定でナヌータラ（Nanutarra）ロードハウスへ行く予定だ。180キロ以上走った経験もあったので問題ないと思っていたが、ハイウェイに入ってから強烈な向い風なのだ。風はほぼ正面からでペダルがとんでもなく重い。パワーを使うので堪らず持っているライムジュースを飲むのだが、かなりの甘さと酸っぱさで口と喉がやられそうになる。普段はとても飲めないが、この過酷な環境ではこれくらいパンチが効いていないとやっていけないのだろう。「さすがは欧米の飲料だ。」と考えていた。（そのライムジュースは十倍に薄めて飲む原液だったと気がつくのはもう一本飲んだ後の話。）

最後のシナモンロールを食べて踏ん張るが、自転車乗りにとって向い風は地獄だ。普段より力を込めても速度が出ないので走行時間が増えてしまう。しかも、この道は斜度を感じる。一日中「登ってるよな？」と疑問に感じながらのペダリングになった。大した斜度ではないのだが、向い風と合わさると強烈な負荷となるのだ。後にGPSログを確認したところ、アップダウンしながらだが本当に一日を通して登坂していた。

負荷が上がると発熱量が増え、体を冷やすために汗が増える。その分水を飲むので水が足りなくなってしまった。喉や体が干からびそうだ。時々視界がぼやけた。

残り30キロ（強風なので二時間は要する）地点で持っている水は600ミリリットル（ペットボトル一

本分）のみとなった。１０キロ毎にペットボトルの水を三回に分けて飲もう。１０キロ走って一口大しか水が飲めない。道路脇に１０キロ刻みで出現する緑の看板だけを追っていた。

そもそも食料も少なかった。いつもはロードハウスやガソリンスタンドでボリューミーな朝食にするのだが、昨夜泊まったキャラバンパークは食堂なども無い泊まるだけの小さなパークだった。ポーチに入れてあったオレオクッキーを少しずつ食べて凌ぐ。

疲労困憊でロードハウスに到着したのは夕暮れ前だった。大きな橋を渡ると右手にナヌータラ（Nanutarra）ロードハウスが出現した。いつもより二時間は遅いペースだった。それでいて負荷はいつも以上で深刻だ。自転車から降りても歩くのが辛い。太腿が引き裂かれているようだ。肉離れ手前くらいだろうか。

ここで更に失敗を重ねることになった。リカバリーミスだ。到着するや否や、ショップ内でコーラ（1.25リットル）、パイナップルジュース（1リットル）、ミルクシェイク、チキンバーガーを注文した。とりあえず目に入ったものを注文した感じだ。

そしてチキンバーガーが運ばれてくる前にコーラとパイナップルジュースを飲み干したのだ。そんな状態でバーガーを食べられるわけもなく、体調が悪くなってきた。格闘技の試合の時の減量後や、試合明けでもやらないレベルの大失敗をしてしまった。とにかく脳が働いていないのだ。そうなると当然、固形物は無理なので、とりあえずミルクシェイクを流し込む・・・。

外はすっかり暗くなっていて、とてもテント設営する状況ではない。店員に部屋泊の値段を尋ねると１５０ドル（１１０００円くらい）と言われた。高いが選択の余地はなさそうだ。食べかけのチキンバーガーを持ち帰りにしてもらい、ショップの裏手に並んでいるキャビンを目指した。

ラッキーな事は部屋にシャワーとトイレがあったことだ。これでもう部屋から出る必要はない。あの料金でトイレシャワーが共用だったらボッタクリにも程があるので当然か。

荷物と自転車を運び込んで、エアコンを掛けてシャワー室に入った。服をシャワー室へ放り込み、その上に倒れる様に座り込み、壁にもたれ、目を閉じながらそのままの状態でしばらくシャワーだけをただ浴びていた。徐々に回復するに従って反省する様になってきた。このような状況に再び陥ると、脳は役に立たないので、予めアクションを決めておかなければ同じ失敗をしてしまう。正解は水だけを1～1.5リットル飲み、部屋もしくはテントに入る。そしてシャワー&洗濯をしてから食事をするのだ。軽いパニックになっているので何か食べたくなるのだが、水を吸収する時間を設けなくてはならない。

シャワーの後は裸のままベッドに倒れ込む。動けない。次の行程は160キロと今日よりも長く、風向きも変わらず、向い風が続くだろう。更にこの足のダメージは一

ナヌータラロードハウスをドローンで撮影。正に砂漠のオアシス。

日では抜けない。一応、アスリートなのでそれくらいはわかる。そんな事を考えていると意識が飛んでしまった。

　目覚めたのは深夜1時くらいだった。足以外の体調はすっかり回復したが、こんな時間に起きては翌朝の走行は厳しいだろう。腹も空いてきたので食べかけのチキンバーガーを食べながら、もう一泊の滞在を決めた。150ドルは高いので二日目はテントにするかどうか、それはサイトを確認してから決めよう。トイレに行き、水を飲んで、電気を消して今度はしっかりとベッドに入った。部屋内はテイクアウトしたフライドポテトの匂いが漂っていた。

　最悪なことに、この向い風は東海岸へ到達するまで続く。つまりこれから毎日なのだ。距離にして約10000キロだ。

荷物を全て失う

2019年4月29日

オーストラリア北西部のフォーテスキュー（Fortescue）ロードハウスの裏手にあるキャンプサイトで朝を迎えた。少し肌寒かったが、エアマットもシェラフもそこそこの性能なので問題なかった。着替えをしたら、持ち物全てをテーブルへ運んでパッキングを開始した。どこに何を入れるかが定位置化されてきたのでスピーディーに荷物をまとめられる。通常のテントよりも設営と撤収に時間を要するツリーテントだが、こちらも慣れてきてスピードアップしている。朝のルーティーンもほぼ確立されたので楽になった。

自転車に荷物を取り付けて建屋へ行き、トーストとソーセージのいつものブレックファーストを注文した。店員は昨日からお世話になっている中国人女性で昨日からずっと働いている。オーストラリアの労働規則は知らないが大丈夫なのだろうか。ドリンクをレジへ運んで会計した時にクッキーを貰った。「Present for you.」と言われ素直に嬉しい。焼き菓子なら日持ちするので、神経質にならなくても大丈夫だ。お礼を言ってポーチにクッキーを入れてロードハウスを後にした。控えめに言って、恋に落ちそうになった。

この日も向い風だった。速度が遅いくせに、聞こえてくる風切音が鋭いのが不快でならない。ロードハウスを出て直ぐに橋を渡る。眼下には大きな川があるが水は干上がっていた。雨季には大河となるのだろうか。橋を渡り終えると山道に入りアップダウンが続くのだが、向い風の影響で降りの恩恵が無い。この風は一体いつまで続くのか。(ずっと続く。)

厳しい条件だが、行程的には100キロ先にガソリンスタンドがあって飲食物が補給できる。更にその先のカラサ(Karratha)という街までも辿り着ける距離だ。メインの峠を越えると携帯も電波を掴み、久しぶりにオンラインとなった。カラサはかなり大きな街なのだろう。

ガソリンスタンドのトイレへ行くと便器の隣にシャワーがあったので、そのまま服を脱いでシャワーを浴びてしまった。昼間にシャワーを浴びたのは初めてのパターンだ。いろんな意味でスッキリして店舗へ戻った。

色が蛍光ピンクでラズベリー味のフローズンドリンクを購入した。この日も暑かったのでフローズンドリンクは最高のリフレッシュとなり、飲んだ瞬間に変な声が漏れてしまった。オーストラリアに来た初日にこのフローズンドリンクを買っている人を見て、「よく飲めるよな。」「そんなんだから・・・。」と思っていたのだが、まさか自分が飲む日が来るとは。

道路に戻ると「Gas plant」の文字がある看板が出てきた。おそらく天然ガスのことだろう。エクスマウスから北方面の海を見た時、遠くに明かりが灯っていた。そこでは石油を発掘していると聞いたが、このオーストラリア北西部の辺りはガスや原油のエネルギー資源が豊富な様だ。

高校の時、地理の授業でオーストラリアの何処で何が産出されるかを必死に暗記した記憶がある。暗記した内容は忘れてしまったが、実際に自分の足で訪れればほぼ一生覚えていられる。ニューサウスウェールズ州のブロークンヒルでは銀、パースの東にあるクールガーリーやカルグーリーは金、北西部は石油天然ガスということになるのだろう。

カラサの街に入るにはハイウェイを降りて10キロ弱くらい進む必要がある。この道をそのまま進むと30キロ先にローバーン（Roebourn）という小さな街がある。時間的には行けなくも無い。ローバーン（Roebourn）から次の街までの距離は190キロで、カラサからだと230キロにもなる。40キロの差はさすがに容認できないので、カラサを見送りローバーンへ進むことにした。この決断が翌日の不幸を招くことになるとは、この時は知る由もなかった。

直ぐにローバーンに到着した。街に一軒だけあるガソリンスタンドでチキンバーガーとアイスクリームを食べる。もう少し進むとキャラバンパークがあるはずなのでそこで宿泊する予定だ。地図の示す場所まで到達したが活気がない。それもそのはず、キャラバンパークは閉鎖されていたのだ。とりあえずガソリンスタンドに戻り、他に宿泊施設があるか店員に尋ねたが「ない。」と言われた。

別のキャラバンパークは街の手前にあるのだが、ここから10キロ以上はあるし、戻るのが嫌な感じだ。こんなことならカラサへ行っていればよかった。野宿できる場所がないか街を彷徨い、最終的に道路沿いの小さい公園で寝ることにした。芝が敷いてあり水道とトイレがある公園だ。この街の治安はあまり良くない雰囲気もするが一日くらいならなんとかなるだろう。

幸にして木があったのでツリーテントを展開できた。日が沈んで気温が落ちると蚊が動きはじめる。芝生には蚊が大量に潜んでいることがあるのだ。足に大量の蚊が群がっている。トラウマになりそうな光景だ。痒い。昼は蝿にたかられ、夜は蚊に刺される。「蝿昼蚊夜」という四字熟語を作りたい。意味はため息が出るような疲れ、精神が磨耗すること。

寝る準備をしてテント内に逃げ込み、ボディペーパーで体を拭いた。妙な肩透かし感があってモヤモヤするが「うまくいかない時もあるものだ。早く寝るしかない。」そう考えてライトを消しシェラフを羽織った。既に不幸のカウントダウンがスタートしていた。

2019年4月30日（平成最後の日）

深夜に異様な機械音で目を覚ました。テント内で時刻を確認すると朝方の2時だ。この音が公園のスプリンクラーだと気がついた時にはテントに放水されていた。日本の公園ではあまりイメージできないが、オーストラリアの公園だと夕方や朝方によく見る。全自動で起動して公園に散水するのだ。大失敗だ。芝がある時点で気付くべきだったが失念していた。

周期的にたっぷりの水がテントにかけられ、その部分が冷たく感じる。どうすることもできないのでやり過ごすしかない。テントはフライシートを外側に掛けていたので一応防水だ。しかしこれだけ大量の水を浴びせられたら端から少し浸水してくるだろう。背中は既に濡れていた。

テント内の電子機器、シェラフなど濡らすとマズイ物はお腹の上に置いて、濡れない様にした。外の荷物は防水バッグの中に入っている。想定外だが口は閉じているので大丈夫だと願いたい。自転車や靴、干していた服はそのままだから完全に水浸しだろう。十五分くらいでスプリンクラーは止まったが取れるアクションがないので、とりあえずそのまま寝ることにした。安堵したのも束の間、これは恐怖の序章に過ぎなかった。

この荷物をほぼ全て失うことになる。

二時間後くらいに同じ音で目が覚めた。第二波がきたのだ。再び叩き起されて水浸しになってしまった。服が乾いてきた頃だったのでキツイ。こんな状況で190キロ走れるのだろうか。更に二時間後、やはり第三波のスプリンクラーが襲ってきた。ただじっと耐えるしかない。

第三の散水が終わった頃、まだ日の出前だが起きることにしてテントの外に出た。濡れた服を着たあとに荷物、自転車を公園の外の歩道へと運んだ。第四波があるならば避けなければならない。サイドバッグの中の荷物は全く濡れていなかった。さすがはオルトリーブのサイドバッグだ。もうオルトリーブしか買わないと誓った。テントを撤去して公園のフェンスに干す。出発までには乾かないだろうが少しでも乾かしておきたい。まとめられる荷物をまとめ、ガソリンスタンドがオープンする7時までは待機するしかない。それにしても蚊が気になる。一時も気が休まらない。

何より靴が濡れているのが嫌だった。服は陽が出れば乾くが靴はそうはいかない。オフ用に準備したもう一足の靴（KEEN）でペダリングをすることにした。

いつもだったら毛嫌いする日差しだが、この日は待望の日光となった。荷物をまとめて公園を出発する。ガソリンスタンドでハムチーズトーストとミルクシェイクを注文した。災難はとにかく食べて忘れるしかない。「ミルクシェイク一杯注文でもう一杯無料」という謎キャンペーンで朝からストロベリーとバナナの二杯を飲む羽目になった。食事が済むといよいよ、ローバーン出発となった。濡れた靴は日光に当たる様に自転車に引っ掛けておこう。

街を抜けると直ぐに登り坂に入った。正面から強烈な向い風が吹いていてキツすぎる。ここ三日ほど毎日向い風だが今日は特段に強い。

10キロ進んであることに気がついた。自転車の後方に引っ掛けた靴が片方無くなっていたのだ。積載が甘かったのだろう。見捨てるかどうか、少し思案したが引き返すことにした。

しかし、この登ってきたルートを降り、再度登るのは厳しすぎる。荷物だけを道路脇に下ろし、靴だけ拾って帰ってくるというプランにしよう。自転車に積載されているサイドバッグとテントを外して路肩に置いて引き返した。やはりこの道は間違いなく「登り」で風は「向い風」だ。背中に風を受けストレスを発散するように一気に坂を下った。荷物も無いので滑空しているように軽い。

通った道を注視して靴を探しながら戻ったが、どういう訳か靴が見当たらない。気がつくと街まで戻り、仕舞にはガソリンスタンドまで来てしまった。朝食時は間違いなく靴を確認している。店員に尋ねても無いと言われる。見落としか完全に紛失したのだろうか。そうであれば仕方がない。

諦めた瞬間、今度は放置してきた荷物の事が気になってきた。嫌な予感がする。ガソリンスタンドでレッドブルをガブ飲みして、全速力で現場へ向かった。風は朝よりも強くなっている。強風警報レベルと言っても過言では無い。軽くなったはずの自転車でもペダルが重い。

荷物を置いたのは確か、街から１０キロ付近の地点で路肩が広くなっている場所だ。現場が近付いてきたが、前方に荷物は見えない。荷物の色は青と黄色の人工色だから目立つはずなのだ。荷を下ろした路肩付近に到着したが、荷物は消えていた。アプリでGPSログの確認もしたが、間違いなくこの場所のはずだ。頭がクラクラしてきた。なんてこった。

放置した一時間という時間は荷物が消えるには十分だったようだ。幸いパスポート、財布、携帯は持っていたが、それ以外のパソコン、ドローン、テント、シェラフ、エアマットなどほぼ全てを失ってしまった。途方にくれながらも周囲を見回すと、紙の地図、壊れたサングラス、ペットボトルの水が一本、そして「片方のみの靴」が現場に散乱していた。この靴だけが残るとは、なんとも皮肉なもんだ。

旅を続けることができない。絶望に打ちひしがれながら通りかかった車に合図を送って事情を話すと、自転車を車に乗せて助けてくれた。助けてくれた御夫婦はこの先の街に住んでいるロビンとミックだ。そして車内には犬のイアンがいた。

まずはローバーンへ戻って警察署で事情を話し被害届を出さなければならない。一体この街を何度訪れればいいのだ。荷物が盗まれていた場合、大抵は中身だけを抜いてバッグなどは捨てるらしい。道路脇にバッグが捨てられていないかを見ながらのドライブがスタートした。金目の物以外は捨てるんだろうけど、オルトリーブのバッグは高いんだけどな。

ポートヘッドランド（Port Headland）の街が近付いてきた。被害にあった場所から１８０キロもあるローバーンの次の街だ。本来ならば自転車で訪れたかったが緊急事態になってしまった。携帯がオンラインになったので、真っ先にフェイスブックに事件をアップロードした。これで事態が好転すればいいのだが。ロビンもSNSを利用して発信してくれた。とられた荷物にはパソコンのMacBookが入っている。そのGPS情報を拾いたいところだがMacBookは単体ではオンラインにならない。接続経験のある無線Wi-Fiがある場所で画面を開いてくれれば可能性はあるが、期待できない確率だ。

ロビンとミックの自宅へ到着しコーヒーと軽食をご馳走になった。一息ついたところで買い物リストの作成に取り掛かる。LEDライトやナイフも新たに欲しいところだが、カバンがないので結局は買えないということに気がついてしまった。この街では自転車に取り付けるサイドバッグやパニアバッグというマニアックな品は手に入らない。可能性があるとすれば６００キロ先のブルーム（Broome）だが遠すぎる。そこまではテント泊をしないで進むしかないだろう。とりあえず購入したのは服、歯ブラシ、シャンプーの日用品のみにした。

オーストラリア北西部のポートヘッドランドは北の海に突き出ている半島の様な部分と、サウスヘッドランドと呼ばれる内陸側の二つに街が別れている。海に近い半島部が古い街で、近年開発が進んでいるのは内陸側ということらしい。

ロビンが連れてきてくれたキャラバンパークはその半島の東端にあるディスカバリーキャラバンパークだ。

この街のようなやや大きめの街に点在しているキャラバンパークチェーンである。筆者も別な街で利用した事がある。テントがないのでキャビンのような部屋に泊まるしかないのだが、受付で尋ねても満室だと言われた。諦めかけた時に「bank house」ならあると言われた。

「バンクハウス?、ドミトリーみたいなもの?」と聞くと、そうだと返答された。

それだ。むしろそれを探していたんだけど。

とりあえず三泊でチェックインした。受付の男性に今日の経緯を話したら、それは残念だと言ってくれた。「It's unfair.」と付け加え宿泊料金をディスカウントしてくれた。この「unfair」という単語の使い方はとても印象深かった。日本人の場合は「不公平」というニュアンスで、だから割引とはならないだろう。これもまた異文化学習か。

部屋はドミトリーではなく個室でダブルベッドの他に冷蔵庫、エアコンがあってとても綺麗だった。トイレシャワーは共有だが十分すぎる。「Bank House」を調べるとシェアハウスのイメージが一番近いようだ。他の利用者も数人でとても静かで居心地がいい。このキャラバンパークは中心街から離れているので旅行者が少ない穴場のようだ。

シャワーを浴びて新しい服に着替え、リビングに向かい、テイクアウトしたサブウェイのサンドウィッチとオレンジジュースで食事にした。落ち着くと色々な感情が芽生えてくる。この旅をするために生活用品や持ち物のほぼ全てをネットオークションやフリマアプリで売り捌いたのだ。ため息が出てしまう。

もちろん惜しいが、なくなってみると意外とスッキリするものである。ドローンやゴープロで撮影した映像などのメディアデータ類は特に悔しいが、これで重い荷物とオサラバできると思えば清々しくもある。自転車だけで走るのも悪くはない。

この日は「平成」最後の日である。三十歳（当時）の筆者は生まれこそ「昭和」だが「平成」で育った様なものだ。その最後の日に全てを無くすとは。「平らに成る」とはこの事か。日本では明日から「令和」が始まる。筆者にとっては「令＝0」となりそうだ。これ以上に平成最後で令和初日にふさわしい人間はいないだろう。

そんなことを考えていた矢先、スマートフォンが一つのメッセージを受信した。フェイスブックのメッセンジャーアプリからだった。英語の文面には、

「あなたの荷物を見つけた、返したい。」とあり、心臓が高鳴った。

しかし都合が良すぎる。フェイクの可能性も十分にあるが、失うものは既に何も無いのである。返信すると今度は電話番号付きのメッセージがきたので、その番号へ電話をすると一人の男性の声が聞こえてきた。同い年か若いくらいだろうか。

相手の男性はボウと名乗った。彼が言うには、筆者の名前をフェイスブックで検索してメッセージを送ってきたという経緯らしい。ドローンやパソコンといった内容物まで答えていたので、どうやら本当に筆者の荷物を持っているようだ。フェイスブックに荷物リストを公開しようと考えていた時だったので、中身の情報はまだ出回っていないはずだ。しかも全て無事だと言ってきた。どこにあるのかを聞くと意外な答えが返ってきた。

「In Newman.」と彼はいった。

（ニューマンだと？）驚きを隠せない。

ニューマン（Newman）とはポートヘッドランドの更に南の地方だ。距離にして実に４００～５００キロは離れている。荷物を無くした現場がポートヘッドランドから西へ１８０キロ地点なので相当に移動したことになる。経緯の詳細を聞いてみると、事の真相がわかってきた。

ボウの知人が道路上で荷物を発見し、それを拾ってニューマンに持ち帰った。そして中身を見るとどうやら日本人っぽいので、日本通のボウの元へ荷物が移ったということらしい。ボウは荷物から名前を特定し、フェイスブック経由で連絡をくれたようだ。

ボウは神戸をよく訪れるらしく、日本語も少しだけ話せると言っていた。英語が苦手な日本人をよく理解しているのだろう。簡単な単語を選び、聞き取りやすいように喋ってくれた。まだまだ油断はできないが状況は好転しそうだ。車で届けてくれるらしく、上司に仕事の都合を聞いてからまた明日に連絡すると言ってくれた。

電話を切ると、緊張の糸が切れたのか疲れが押し寄せてきた。本当に長い一日だった。朝から水浸しになり、置き引きされ、見ず知らずの人に助けられ、ポートヘッドランドにまできた。そして最後には謎の男からのメッセージだ。本当に一日で起こったことなのか疑問だ。新しく買った歯ブラシで歯を磨き、ベッドに入る。さて荷物と旅は一体どうなるのか。ポートヘッドランド滞在が始まる。

２０１９年５月１日（令和初日）

ボウというキーパーソンにより事態は好転の兆しを見せている。そこに賭ける以外の選択肢はないので彼からの連絡を待つしかない。この連絡次第で今後の足取りが大きく変わる。終結するまで装備の購入も控えた方がいいだろう。

緊急事態でも腹は減るものでスーパーマーケットの「Woolsworth」へ行く事にした。自転車で十五分くらいなので結構遠い。自転車生活では尻や股を酷使して普段から痛いから、できれば歩きたいのだが暑い日差しの中を歩く余裕はない。この時期が一年で最も涼しくて過ごしやすいとロビンは言うが、毎日普通に30℃を超えるのだ。オーストラリア北部恐るべし。

この宿には共用のキッチンがある。食器や調理器具は最低限だが過不足なく揃っていて問題ない。むしろ丁度いい。この日の朝にフレンチと思われる女性が出発したのでリビングは独占状態となった。筆者は一人のほうが気楽なのだ。買い込んだ食材を調理して食事を済ますとやることがない。ドラクエ7もクリアしてしまった。ボウからの連絡を待ちながらユーチューブをひたすら視聴していた。

メッセージが来て進展したのは夕方だった。ボウは仕事の都合が悪いようだ。そこでトラック運転手の父親に荷物を頼んだらしい。こちらに到着するのは、早くて明日の朝で、もしかしたら夕方くらいになるとも言っていた。明日になったら父親と連絡を取ってくれと電話番号も教えられた。

「オヤジさんにお礼を言っておいてくれ。」と言うと、

「会うのだから自分で言いな。」と返された。

そして、荷物を撮影した写真を送ってくれた。間違いなく筆者の荷物だ。ありがたいことである。今回はフェイスブック経由で連絡が取れたが、こういう時のSNSは実に強力だ。警察よりも役に立つ。さて、夜を前に再び暇な時間が訪れた。禍福は糾える縄の如しとはこのような状況だろうか。

２０１９年５月２日

ポートヘッドランド滞在三日目の昼、ついにボウ氏の父親から電話がかかって来た。英語がかなり聴き取りにくかったが、どうやら到着は夕方になるという連絡だった。声が低い年配の男性との電話は英語レベルが低いので難しい。

時間ができたので、自転車で海沿いまで出かけよう。海岸から海を見渡すと船が停泊している。それらは中国籍の貿易船で貨物は鉄（Iron）だとロビンが教えてくれた。このオーストラリア北西部は鉄鉱石の産出地でもあるのだ。昔は日本にも輸出していたとロビンの夫ミックが言っていた。ミックは元列車の運転手で鉄鉱石を運んでいたらしい。机上で学んだだけだが、これが噂に聞く「日本の高度成長を支えた鉄鋼業」の原材料な訳だ。更にミックは「Nippon steal.」は品質が良く、中国製と比べても壊れなかったと言っていた。現在はその役割が完全に中国に移ってしまったと言うわけだ。

夕方くらいになって再びボウ氏の父親から電話が来た。ポートヘッドランドに着いたらしい。このキャラバンパークの住所を教えてあったが、外に出ても見当たらない。どうやら違う場所にいるようだ。グーグルマップの画像を送っても手応えが無い。来てもらうにもこれ以上この場所を英語で説明することはできない。話を聞くと「エアポート」と言っているので空港の近くなのだろう。ここまで来てくれたのだし、そちらへ向かうと言って電話を切り空港方面へと急いだ。しかし１０キロは離れているので自転車で三十分は掛かってしまう。

ポートヘッドランドを走っていて一度は必ず目に付くのが巨大な「塩の山」、つまり食塩だ。重要な産業の一つらしく、観光名所にもなっている。初見では見当もつかず、白い山を指差して「あれは何？」とロビンに聞いて教えてもらった。

塩田に海水を引き、乾燥させ、析出した塩を山積みにしているのだろうが、その山の大きさに目を見張る。野外に塩の山を築くという発想がそもそも日本には無い。日本で似たような風景を挙げるなら砂利や砂だろうが、それと比較してもこの塩の山ははるかに巨大だ。雨の無い乾季の時期を利用して海から塩を作るのだな。日本にも海塩はあるが、各地域で小規模生産してブランド化しているイメージなので、ここにも国柄を感じた。仮に日本でこのよう塩の山を作って野外に出しておいたら、雨で溶けてなくなるだろう。塩田に使える広大な土地自体、海岸部には無い。お陰でオーストラリアのスーパーマーケットで並んでいる普通の塩も全て天然塩なのはこういう訳なのだな。

空港付近のガソリンスタンド前を通過した時にクラクションが鳴った。振り向くと、大きなトラックから白髭をこさえた小柄なおじさんが運転席から降りてきた。どうやら、あの白髭おじさんがボウ氏の父親のようだ。思ったより簡単に出会えてラッキーだ。相手はトラック運転手で道のプロだ。通るであろう場所に停車して待ち構えていてくれたのだろう。街外れの空港に自転車で来る人間もいないだろうし会合できるポイントに見当がついていたに違いない。

お爺さんが助手席から取り出したのは間違いなく筆者の荷物だった。ほ

戻ってきたテントやシュラフ。

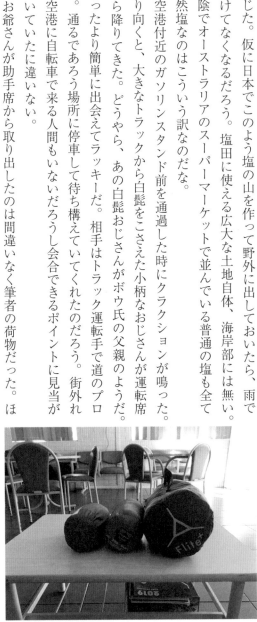

貨物列車が今も走っている。

とんどの荷物が無事そうに見える。お礼を言い、ボウにも感謝を伝えて下さいと言って別れた。気の優しそうな人だった。

自転車で旅をすると毎日トラックを見るが、この広大な土地で運輸の仕事に携わるのはどんな気分なのだろうか。大変そうだが、どうしても悪い気はしないような気がする。もしかしたら彼らが最もオーストラリアを知っている人たちなのかもしれない。

帰路に就く頃には日が沈みかけていた。ミックが過去に運転していたであろう列車を横目に、再び重くなった自転車で自分の部屋へと戻った。

部屋で荷物を確認すると全てが揃っている。オーストラリア人を疑った自分が恥ずかしい。当初はこの部屋に三泊の予定だったが、居心地がいいのとテントを乾かしたりしないといけないので、更に三日の延泊を決めた。何より気疲れがあった。体は動かしていないがとても疲れた気がする。ボウにお礼のメッセージを送った。いつか直にお礼を言いたいものである。彼は仕事で現在はパースにいるようだ。パースを出発したのは4月の初旬だ。それから約一ヶ月が過ぎたが、相変わらず西オーストラリア州を走っている。とりあえずは、これにて一件落着である。

それにしても、ドリンク類やピーナッツバターなど飲食物が消えていたのは何故だろうか。ニューマンまでの長いドライブ中に飲んだのだろうか。

そして、一番不思議だったことは、返却された荷物中に失くしたと思っていた「靴の片方」があったのだ。今回の事件の引金と言える代物だ。勘違いだったとの結論でもいいのだが、筆者はあの時、全ての荷物を解いてその場に降ろしたのだ。一つずつ順番に荷を解かないと自転車が倒れてしまうので気がつかないことは無いと思うのだが。

お陰で問題の靴はしっかりと左右揃ってしまった。これで食糧以外は元通りだ。靴は片方だけだと意味がないので捨てるつもりだったが保管していてよかった。

改めて思うのは、疲労困憊であの超強風の向い風の中を190キロ走破するのは不可能だったように思う。この事件は「あの区間を走るな」と言う何かの知らせだったのだろうか。

明日から道具のメンテナンスをして、強固な無線Wi-Fiを使って写真や動画のメディアをクラウドにバックアップしておこう。

最難関のキンバリー地方

2019年5月18日

西オーストラリア州の北東部をキンバリー地方という。街の規模も小さく、ロードハウス間の距離が非常に長いエリアだ。ポートヘッドランドを出発して約二週間が経過した。真珠が有名な街ブルーム（Broome）を経由してフィッツロイクロッシング（Fitzroy Crossing）という街のキャラバンパークにテント泊していた。テントを解体しキッチンへ向かい荷物をまとめ、買っておいたアップルパイを朝食にして出発した。

次の補給ポイントはホールスクリーク（Halls Creek）という街で、現在居るフィッツロイクロッシングと似たような小さな規模の街だろう。距離が280キロと長いのが厄介だ。途中のレストエリアでキャンプが必要になるので、水を11リットル以上用意した。折り畳める小さなザックを持っているので、自転車に積めない分の5リットルほどはそのザックに入れて背負う。

パークには冷凍庫があったので、水やヨーグルトを昨夜から凍らせていた。この冷凍作戦はかなり効果があったように思う。まずは100キロ先のレストエリアを目指す。

今日のコンディションはいつも通り最悪で、登り、猛暑、向い風のトリプルコンボだ。この地球は俺一人をイジメて楽しいのだろうか、などと考えながらもペダルを回すしかない。三、四時間経過すると背負っていたペットボトルの氷は解けてしまっていた。飲む前に解けてしまったが、少しでも冷たい水を飲めたのだ

路肩に座り込んで休憩。

から良しとしよう。ザックに背負っていたので背中も冷やされて、その分汗も減り最終的には水の節約に繋がったはずだ。

凍らせたヨーグルトは温まってダメになる前に食べなくてはいけない。路肩に座って開封すると中心部はまだ凍っていた。この調子ならもう一時間くらいは大丈夫そうだ。できれば道端ではなくてレストエリアで食べたい。

100キロ走ったところで目の前には結構な登り坂が出現した。地図によるとこの先にレストエリアがあるようだ。なんとか登り切ると案の定レストエリアの看板が出現した。

やっと日陰のあるベンチに辿り着いた。座ってヨーグルトを取り出すと、かろうじてまだ冷たさが残っている。走行中に冷たい物が体に入るのは気分が良くて心身共にリフレッシュできる。バナナ味の甘いヨーグルトだが更にハチミツを加えてカロリーを増そう。走行中にタンパク質を摂取するのは難しいので、タンパク源としても冷凍ヨーグルトは優秀と言えよう。

補給の後はベンチに横になって休憩した。この場所でキャンプするか、もう80キロ先のレストエリアでキャンプするかを決断しなくてはならない。考えていたら眠くなってしまい、そのままベンチで横になって寝てしまった。

「ジャパニーズ！」と呼ばれて目が覚めた。

声の方からおじいさんが向かって来た。

「なぜ日本人だとわかったんだ？」とおじいさんへ尋ねると、

「日本人はどこでも寝るだろ。電車の中とか。」と答えた。これには妙に納得してしまった。

寝たらトイレに行きたくなってきた。レストエリアのトイレは汚い場合が多いのだが、ウェットティッシュで掃除してギリギリ使えなくもないレベルにした。大の方をしたところで紙がないことに気がついてしまった。これで拭けと言わんばかりに観光案内のパンフレットが破いて置いてあったので、それとウェットティッシュで窮地を脱することができた。パンフレットはもったいないが、ある意味どの旅行者よりも旅費を落としているのだから大目に見て欲しい。

休憩も終わると寝床問題になるのだが、この場所を諦めて80キロ先のレストエリアへ向けて出発することにした。今日進むか明日進むかを考えた時、今日進むべきだと言うのは筆者の持論である。何もしなくても基礎代謝でエネルギーを消費するのだから、限られた食料が底を着く前に前倒しで行動すべしと考えている。そうでないとジリ貧になってしまう。この場所には二時間近く居てしまった。次のレストエリアへは日没後の到着になるだろう。

東に向かっているので、夕暮れになると後方に日が沈む。そのため進行方向の景色は暗く青みがかり、背中の方は赤い色に染まるのだ。この時刻はかなり独特な世界観を感じる。毎日見ているがとても綺麗で気に入っている。この時間帯は気温も下がるので暑さから解放されるし、もう少し経てばハエどもも帰宅するから気分はいい。真っ暗になると立ち止まっての休憩はできないので、日があるうちに路肩で少し横になって回復に努めた。夜間走行はできることなら避けなければならないが、仕方がないケースもある。外灯などはないので非常に危ないのだ。

フロントとリアのライトを灯して暗い道路を進んでいると、前方に紅い稲妻が見えた。咄嗟に夜空を見上げると雲はなく星が見えている。今いる場所に雨の心配はなさそうだ。パース手前でストームが直撃した時の事を思い出す。この真っ暗な状況で直撃したら面倒だ。視界不良で車に轢かれる確率も高まるだろう。水浸しのレストエリアでテントを組むのも嫌になる。勘弁してくれ・・・。

願いが通じたのか、稲妻は横へ逸れていったので雨の心配はなさそうだ。真っ暗でよく分からないが目的地のレストエリアに到着したらしい。この暗さで看板を見失うところだった。どうやら川に近いレストエリアらしく、全容はわからないがかなり広そうだ。

はじめにテントが張れそうな場所を探さなければならない。ライトで照らしながら木々の間をさまよう。テーブルベンチの近くが良さそうだと思ったら、別な自転車ツーリストが既にテントを張っていた。どんな人なのだろう。他の利用者からは離れたいが、木のポジショニング的にこの場所しかなさそうだ。文句を言われることはないだろうが、これでは筆者が寂しがり屋みたいではないか。木の位置が良くてテントは上手に設営できた。

設営中に地面に大きなカエルを発見した。カエルがいるということは捕食者の蛇もいるだろう。蛇に遭遇して噛まれでもしたらたら死ぬので少し怖い。

次は夕飯の支度だ。米を炊いてオイルサーディンの缶詰で食べるいつものメニューだ。テーブルで調理していると暗闇から人がやってきた。どうやら彼が隣のテントで寝ているサイクリストのようだ。彼の名はア

レックスという。上半身が裸だったので、

「ここに蚊は居ないの？」と聞くと、

「たくさん居る。」とアレックスは即答した。

彼は逆方向から１００キロ走ってきたらしい。こちらはフィッツロイクロッシングから１８０キロ走ってきたと言うと驚いていた。

「食べ物はあるか？」とアレックスが聞いてきたので、

「これから調理する。」と答えると、

「エンジョイ！」と苦笑しながら自分のテントへ去った。

この時間まで走ってよく調理なんかできるなというような感じだ。こっちは疲れすぎて既にハイになっている。炊飯しているだけなのだが笑いがこみ上げてくるし、完全に危ない人だ。さて、アレックスはどのような青年なのだろうか。

２０１９年５月１９日

目が覚めたらテント内で寝袋とスリーピングマットを畳み、外に干してある自転車ウェアに着替えを済ませる。カフェでブレックファーストを食べることも、シャワーを浴びることもないので直ぐに準備が整う。水を飲んでワッフルとポテトチップスを朝食に食べて出発準備完了だ。酷暑の中、大抵の食材はダメになるので持参できる食料は菓子類になるのだ。

隣にテントを張っていたアレックスが起床して声をかけて来た。彼はフランス出身らしい。フランスから中央アジア、東南アジアを通過してオーストラリアに辿り着いたと言っている。凄い旅だ。オーストラリアは街間の距離が長くて大変と言っている。オーストラリア北部の都市であるダーウィン（Darwin）から反時計回りに、パース（Parth）経由で南東部のメルボルン（Melbourne）を目指すらしい。

ハイウェイに戻る前に隣接している川へ行ってみることにした。この川にはクロコダイルが生息しているので遊泳は禁止だ。オーストラリアの北部ではビーチや川にクロコダイルが生息している場合があるので、遊泳可能かどうかの看板が建てられている。彼はクロコダイルを写真に収めたいと言っていたが、簡単に見つかるわけもない。クロコダイルは諦めて、さっさとハイウェイに戻ることにした。

反対方向なので別れることになるのだが、彼は１８０キロ走ってフィッツロイクロッシングまで行きたいと言っていた。

「追い風だからできる。」

「とてもイージーだ。」

「西海岸のカーナーボン（Carnarvon）まで君は追い風さ。」

「俺は4月から向い風でこれからもだけどね。」

と皮肉交じりにセリフを連呼してやると、

「ダーウィンに向かうときは追い風じゃないか。」とアレックスは優しくフォローしてくれた。

笑顔で別れたが、ダーウィンに行ったら、内陸のキャサリンまでの３００キロを来た道と同じ道を戻ることになる。結局そこで向い風じゃねーかよ。こいつバカにしてんのかと内心思っていた。連日の向い風で心に余裕は無く、真っ黒に汚れていたのだ。

目的地のホールスクリークまでの100キロの道のりは全てが登りだった。しかも正確無比な正面からの向い風付きだ。そのため自転車は全く進まなかった。遅いからとにかく時間を浪費する。もたもたしているうちに水と食料がなくなってきた。

あっさり着くと思ったが大誤算だ。ずっとネット環境が無かったので高低差を確認していなかった。止まりそうになる速度で自転車を漕いでひたすらに登った。ホールスクリークに到着したのは17時頃で夕方になっていた。インフォメーションセンターは17時で閉店している。無線Wi-Fiを使いたかったのだが、ここまで時間が掛かるとは。

ひとまず二日ぶりのガソリンスタンドでレモンソーダとサンドウィッチを購入した。いつものことなのだが、走行後は頭が回っていない。何を買っていいのか分からなくて店内で半分混乱しながら購入した。外にあったベンチで休憩しよう。不思議だが少しでも食べれば頭が正常運転してくれるのだ。

この時は六日間連続のテント泊で、コースも厳しいセクションだったので部屋に泊まりたいがモーテルらしきものはない。キャラバンパークを探して彷徨っていたら中国人の女性二人に道を尋ねられた。旅行者なので分かる訳もない。

「この街には来たばかりだからわからない。」と答えると、

「日本人？」と聞いてきたので、

「なぜわかったの？」と返す。

アジア人がアジア人に英語で話しかけるのは日本人のパターンが多いと言われた。なるほど。確かに中国人だったらアジア人には中国語で話しかけるだろう。となると韓国人は何語で声をかけるのだろうか。

話を聞くと、二人はこの街で働いていて今日はオフ日なので街の散策をしていたようだ。（道を尋ねるの逆じゃね？）キャラバンパークを発見したので二人と別れてレセプションへ向かった。部屋は満室でこの日もテント泊ということになってしまった。仕方ないがシャワーを浴びれれば十分だ。最近は疲れからか立ちながらシャワーを浴びれなくなってきた。つい床に座ってしまう。立ちながらシャワーを浴びても疲れが取れる気がしない。二日ぶりのシャワーはとても気持ちがいい。走行後のコーラとシャワーだけは格別なのだ。レストエリアはお金がかからないので経済的なのだが、シャワーが浴びれない。キャラバンパークで払っている数十ドルはシャワー代みたいなものだ。スッキリして再度ガソリンスタンドへ向かった。サンドウィッチ一つでは到底足りない。

店にはさっきの中国人二人組がいたので挨拶すると、自分達が働いている店で一緒に食事しないかと誘われた。店の食事は高いので他店で買って自分たちの店で食べるらしい。このガソリンスタンドでは冷蔵のサンドウィッチくらいしか選択肢がない。多少高くてもいいから彼女らの店でハンバーガーを注文することにした。普段から物価の高いロードハウスで食事をしているので街のショップだとそこまで高いとは感じないだろう。何より、温かい食事がしたい。歩いてその店へ向かい、レジでハンバーガーを注文してテイクアウトで受け取って外のテラス席に座った。二人は店から無料で支給されるスープとヌードルを持ってきて食べている。職場の話を聞くとオーナーがとても怖いらしい。

それにしても、この街で働いているというのが少し謎だ。確かに地方は静かでいい場所も多いがマニアックすぎる。オーストラリアに来た事がある日本人に「ホールスクリーク」と尋ねても９５％は知らないと思う。きっと中国人独自のコミュニティーがあってそこで仕事を紹介してもらったりしているのだろう。

一人は日本語を勉強したことが有るらしく、少しだけ日本語を喋れた。かなりの親日家らしい。それにしても中国人と漢字で意思疎通するのは面白い。文法や発音にここまで差があるのに字の意味だけで意思疎通ができるのは不思議だ。

筆者の名前の「悠介」に関して、

「どのような意味?」と聞かれ。


悠々自適という四字熟語をスマホに打って表示させると、

「あ~フリーダム！こんな感じ?」と親日家の彼女は、やる気のない感じのポーズを伴って言った。

「それ！フリーダム。まさにこんな自転車生活のこと。」と返答した。


名前の意味を聞かれることは稀にある。返答に困っていたのだが「フリーダム（Freedom）」と答えればいいのだな。いいことに気がついた。

「自転車旅は辛くないのか?」ともう一人の中国人に聞かれたので、

「もちろん疲れる。お尻は痛いし、路肩で仮眠する時もある。天気は暑いし、西海岸からずっと向い風だよ。」といつも通りに答えたら、

「なぜ、そんなことしてるの?」と彼女は更に聞いてきた。

（なぜ・・と言われても・・・）

「こういう旅はいい経験になるし・・・。」ととりあえず答える。

「いい経験になるのは確かだけど、それってエンジョイ（enjoy）なの?」と彼女は畳み掛けて来た。

（enjoy：楽しむ・・・か。）

ひとまずその場は「好きだから」「趣味だから」と誤魔化したがその女性も筆者も両者とも腑に落ちてはいない感じになってしまった。食事会は程なくして終わりキャラバンパークのテントへ戻った。

歯を磨いてテントに入り寝袋に包まった。今夜もそこまで寒くないので、エアマットは必要なさそうだ。寝付く前に先程の質問に関して少し考えた。

「この旅は楽しいのか？」

答えは、

「この旅は楽しくなくても別にいいだ。」

「楽（らく）」と「楽しい」は同じ漢字を使う。本質的に人間は楽でないと楽しさを感じない様にできていると思うのだが、お世辞にも自転車旅は楽ではない。というか一般的な価値観だと「辛い」だろう。ちなみに、筆者は旅に高尚な目的など持ち合わせていない。

別に楽しくなくてもいいではないか。「楽しい」は現代社会において、ある意味とてつもなく凶悪な言葉だと思う。というのも「楽しい」と言えば全て肯定される風潮すらあるからだ。それはとても強力で、トランプで言えばジョーカーみたいなものだ。

○辛くても楽しい。

○楽しいからいい。

そして、「楽しい」以外を排他している気もする。こちらとしては別に楽しくなくてもいいのだが・・・・しかし、立派な目的もなく、こんな回答をしたら好奇の目に晒されるだろう。

この旅は「楽しいのか？」と聞かれる時、それに合致する答えはどうも用意できそうもない。楽しくなくてもいいではないか。たまにはゲームバランスを崩しかねないジョーカーを抜いてプレイするのもいいと思うのだが。何の因果か中国人との出会いで「漢字」を考えさせられた。

明日この街を去るかどうかはコンディション次第だが、恐らく出発できるだろう。テントから見る夜空は雲もなく晴々していた。雨の心配はない。

西オーストラリア州最後の街カナナラ

2019年5月22日

ドゥーンドゥーンロードハウス（Doon Doon Roadhouse）でトースト、卵、ベーコン、ハッシュドポテトとミルクシェイクを朝食に注文した。毎回飽きずによく食べれると自分でも思う。食後にトイレを済まし、さあ出発という時にどう見ても同業者の女性サイクリストがやってきた。話してみると彼女はスウェーデン出身で反時計回りにオーストラリア一周の旅をしているらしい。旅も大詰めでブルーム（Broome）で終了だと言っている。あと少しではないか。しかも筆者とは逆方向なので追い風で羨ましい。

彼女の装備は後輪に付けているパニアバッグ2つのみなのでかなり軽量だ。旅慣れしているのがわかる。ソーラーパネルを外に出してモバイルバッテリーを充電しながら走行しているようだ。オーストラリアは晴れが多いのでソーラー発電自体かなり普及していてキャンパーでも多くの人が使用している。「サイクリストにはこれがベスト」と言われて勧められた。使ってみたい気もしたが、それほど電源に困ったことはない。

彼女は昨夜、道路脇でテント泊したようだ。朝にロードハウスに到着できるのなら昨日のうちに辿り着くことも可能だったはずだ。なぜロードハウスを利用しないのだろうか。ブッシュキャンプが好きなのかな。それとも節約のためか。

この日の走行はカナナラ（Kununurra）という街までで、距離は100キロと比較的楽だ。というのも、一時的だが進路が北向きになるので、東から吹く向い風の影響が少ないのだ。

大きな街に近付くと、iPhoneが悲鳴をあげるので電波をキャッチした事がわかる。看板には「ダーウィン」の文字も出てきた。ノーザンテリトリー州（NT）の州都であるダーウィンを目指しているのだが、パースを出発してからその文字を見ることはなかった。残り1000キロを切ると近く感じてしまう。自分の距離感もおかしくなってきた。

直ぐにカナナラの街が見えてくる。湖がある綺麗な街でColseなどの大手スーパーや安宿のバッパーもある。滞在するのに全く不便はなさそうだ。それにしてもこのポートヘッドランド~カナナラ間は本当に厳しかった。オーストラリア自転車旅の最難関区間賞をあげるなら、間違いなくこの北西部だ。後日、GPSログを確認したらカナナラまで600キロも坂道を登っているではないか、もう絶対にやりたくない！

大手チェーンバックパッカーズの「YHA」にチェックインして買い物を済ませ、部屋でダラダラとスマホをいじっていた。自転車に乗っている時以外はこんな感じで特別なことをしているわけではない。そして、どうやらこの宿にも日本人は居ないようだ。日本人は東海岸以外ではアデレード、パース、ブルームと有名都市に少し居るだけで地方ではほとんど出会うことはない。カナナラには三泊四日の滞在となる。

２０１９年５月２３日

州境の街であるカナナラは西オーストラリア州（WA）最後の街でノーザンテリトリー州（NT）に接している。オーストラリア南部ナラボー高原からWAに入ったのが3月なので、走破するのに約二ヶ月の歳月を費やした事になる。

夕飯の時間になったので、キッチンへ向かうと既に大勢の人が料理をしていた。同じく調理しようと思ったが、コンロやステンレスの調理台が汚すぎて衝撃を受けた。何かのソースがべっとりついたスプーンが台に転がっているかと思えば、野菜の切れ端などの食材も至る所に飛び散っている。ここまで汚く使う方が難しい。さながら、低学年の図工の時間が終了した後のようだ。

そんな状態のキッチンを見て、一気に食欲が失せたので部屋に戻ってパソコン作業を再開した。本来バックパッカーのような安宿は自分で使ったものは自分で綺麗にしなければならないルールがある。スタッフがこれを綺麗にしなければならないと思うと心底同情する。

「次に使う人のことを考えて」とか「周りの迷惑を考える」や「清潔を保つ」などの日本の習慣はとてつもなく秀でていると感じた。それと比較したら英語ができないことなど大したことではないと思う。

宿の目の前にはボトルショップがある。いわゆる酒屋だ。日本とは異なり酒は基本的にこのボトルショッ

バックパッカーズの様子。部屋の前に自転車を停める。

プで購入する。普段酒は全く飲まないので一、二回しか訪れたことがないのだが食後にビールを一缶だけ買いに行った。

実はここに来るまでに道端に捨てられている空缶を拾ったりしていた。その中で「ある銘柄」のビール缶が異様に多かったのでそれが気になっていたのだ。赤いパッケージが特徴的で「EMU」の文字が印刷されているビールだ。WAの地ビールらしいのでWA最後のカナナラの街で飲むのに相応しいだろう。ちなみにエミューとはダチョウのような飛べない鳥の一種だ。今回の旅では一回しか見れなかった。

トイレで歯を磨いてベッドに入ったが、結構遅くなってしまった。明日の出発はキツイな。もう一泊だけしよう。自転車旅とは呑気なものだし、街でのバッパーの滞在費はロードハウスよりもはるかに安いので好きなタイミングを待てばいいのだ。

この宿で気になったのは、トイレにあるコンドームの自販機だ。男女共に若者の多いバッパーなのでヤルなら付けろってことなんだろうけど、あれって女子トイレにもあるのかな。

2019年5月24日

延泊はチェックアウト当日の朝にレセプションで追加料金を支払えば大丈夫だ。日本だとなるべく早く事前に伝えなければならないが、こちらの国は当日でもほとんど大丈夫なのだ。というか大きな都市以外では事前に申請しようとするとチェックアウトの時にしてくれと言われる。

夕方までダラダラしていたが、買わなきゃいけないものを突然思い出した。ハエから顔を守るバグネットが破損していたので新しいのが欲しかったのだ。最近ではハエが首筋から容易に侵入してくるので参っていた。

バグネットは比較的どこでも手に入るが、欲しいのは「黒のネット」だ。今までは緑のネットを使っていたが光の反射で視界が悪くなる。黒は反射する光が少ないので視界がクリアになるのだ。網戸も昔は白かったが、黒とかグレーのやつが最近増えてきたのは同じ理屈だ。

バグネットを買った後にスーパーで買い出しをしてバッパーに戻り夕食の支度をするのだが、案の定キッチンが汚過ぎるので冷凍ピザをオーブンで焼き上げるだけにした。これならストレスも少ないし簡単に終わる。

キッチンを出た所の壁にホワイトボードが掛かっている。名前の後ろに「○○ー more steel wool.」と書かれている。なるほど、スポンジや洗剤などの備品不足をスタッフに伝えることができるのだな。地味だけど今までのバッパーには無かったシステムで便利かもしれない。続いてその下にも二行書かれていた、「○○ー more love.」、「○○ー more sex.」

若いっていいね。俺も二十代前半で来たかったな。明日は遂にノーザンテリトリーだ。

2019年5月25日

キーボックスに部屋の鍵を落としてホステルを出発した。

朝食はスーパーに行って適当に食べよう。日本の場合、早朝だとコンビニか牛丼屋かという選択肢だが、オーストラリアの場合は6時くらいからスーパーがオープンしているのだ。

スーパーマーケットのColesに到着し、いつもより多めに食料や水を買い込んだ。次のロードハウスまで

買い込んだ食料。この時はワッフルにハマっていた。

は200キロ以上あるので、途中にあるレストエリアにキャンプすることになる。二日分の食料が必要なのだ。

　昨日購入した黒のバグネットを被ってみる。やはり黒だと視界良好だ。首元の作りもしっかりしている。10ドル以上もするだけあるな。バグネットだけはいい物を使わなくてはならんのだ。

　少し走って街を出るだけで周りから建物は無くなってしまった。登り道が続くが三泊の休養で体は回復している。ジュースを飲みながら登坂を続ける。40キロほど進むと立派な建物が大自然の中に現れた。州境の検疫所に到着したのだ。

　日陰が欲しいので建物の裏手に回り、とりあえずそこで休憩していたら管理人が建屋から出てきて、どちらへ行くのかを聞いてきた。

「ダーウィン。」と答えると、

それなら問題ないと言い、NT側からやってくる車の検問を始めた。

どうやら

WA→NT：検問不要

NT→WA：検問必要

といった感じだ。よく見ると、WAに入る側の道路でのみ検問ができるようになっている。そして建物の脇には没収された大量のハチミツが箱に詰められて置かれていた。言えば貰えそうだが、ハチミツだけがあっても困るのでやめておこう。

検問所で日陰になっているコンクリートの床に座り、靴を脱いで横になって休んだ時に気がついてしまった。自販機があるではないか。物陰になっていて気がつかなかった。コーラがある。しかも冷えている。2ドルコインを取り出し、コーラ一缶を購入した。

まだ街を離れて二時間と少しなので、ありがたみは少ないがライド中に冷たい飲み物は通常飲めないのでとても嬉しい。この検問所の隣には大きな公園も併設してあり、キャンプもできるようだ。ここに泊まれば、今夜はコーラが飲み放題か。しかし、まだ40キロしか走っていないのでもう少しは走りたい。休憩を終え、離れる前にファンタオレンジを一缶買って飲み干した。

何の障害もなくNTに突入した。長かったWAも終わってしまえば呆気なく後方へ去って行った。道路脇のパーキングには大抵ゴミ箱があるのだが、ここで衝撃が起こる。ゴミ箱の色が「紫」なのだ。何というカラーリングだ。今までのゴミ箱は「深緑」でいかにもゴミ箱という感じだが、まさか「紫」とは・・・妖艶なる存在感だ。ここで一つのある話を思い出した。

ニュージーランドを電車で旅する三人の話だ。電車の窓から見る丘に黒い羊が一匹居るのを見て、
天文学者：「見ろ！ニュージーランドの羊はみんな黒いんだ！」

物理学者：「ニュージーランドには黒い羊もいるってことだろ。」

新しいバグネットが嬉しい。

数学者：「君達は何を言ってるんだ。ニュージーランドには少なくとも一匹、片面が黒い羊がいるってことだろ？」

この話は数学者とはどういう人間かを表した話だった気がするが、一体ノーザンテリトリーとはどんな州なのか、念のためゴミ箱の裏側も確認したがしっかり紫だった。

どうやら州境あたりが高度のピークで、それ以降は平坦な道が続き比較的楽になった。その風に乗って前方から自転車ツーリストが二人やって来た。どちらも男性だ。どうやら三日ほど一緒に走っているらしい。先頭を走っていた彼はダーウィンから来たらしく、オーストラリアの前は日本を走っていたらしい。桜が綺麗で、好きな食べ物は「うどん」だと言っている。続けて「アイランド」が・・とか言っていたので、恐らく四国のことだろう。香川県を訪れたのに違いない。彼は四年ほどサイクリングしている長期チャリダーだ。荷物などの汚れも酷く、水筒代わりにしているペットボトルもどれだけ使いまわしているのか、かなりくたびれている。

後ろの彼はアジア系の人のように見える。自転車と荷物をスマートにまとめているのを見ると、かなり旅慣れた感じの実力者だということがわかる。

二人には「WAにハチミツは持ち込めない」という事をしっかりとアドバイスした。丁度、ハチミツを使い切れずに悩んでいたらしく、水に溶けるからボトルに入れてシェイクすればいいと提案すると喜んで実践している。それにしても、アジア系の彼の仕草には無駄がない。自転車に跨ったまま、後ろに手を伸ばしてバッグからハチミツをサッと取り出す身のこなし、やはりかなりの手練れだ。一方、先頭の彼はなぜかスプーンをサッと取り出して後ろの彼にハチミツを求めた。

（どこからスプーンを出したの？）、（何でスプーンが出てくるの？）、（洗ってあるの？）、（使ったら洗わないの？）、（直飲みすればいいんじゃないかな）疑問は尽きないが考えるのはやめよう。サイクリストに限らないが、このようなチグハグコンビは結構うまくいったりするんだろう。

夕方になると交通量も一気に減ってくる。そんな頃に今日の宿泊予定のレストエリアに到着した。すでに車でキャンプを始めている人達が何組かあった。テント設営場所を中央のベンチ隣に決めた。テントサイル設営の支点に今回はベンチの屋根の支柱二本を利用させてもらう。設営に取り掛かる前にオージー夫婦に話しかけられた。オーストラリア一周の自転車旅をしていると伝えると、

「何か必要なものはないか？」と聞いてきてくれたが、

今は水も食料も必要な分を持っている。

「冷たい飲み物。」と少し贅沢に返答してみると、

なんとビールが出てきた。本当はコーラを期待していたが、それでも嬉しい。この国の人にとって「冷たい飲み物＝ビール」らしい。

灼熱を走った後に冷たい炭酸が喉を通過するこの感触がたまらない。話が盛り上がり、スイカも出されたので遠慮なく食べた。結構食べたので夕食の炊飯はやめて缶詰だけに簡素化しよう。

完全に陽が落ちるとテント設営が面倒なので話を遮って作業に移った。暗くなった頃にベンチに戻り、ご夫婦との話に戻った。話の途中に彼らのLEDランタンの電池が切れてしまい、暗くなったので筆者のLEDライト（ほおずき：スノーピーク）を取り出した。彼らはLEDランタンの明るすぎる光を嫌がっていたが「ほおずき」の優しい光に驚いていた。

「あなた達日本人は本当に物を作るのが上手ね。」と言った彼女の言葉が印象深い。

この日は陽が落ちても暑かった。テントのフライシートは外し、寝袋も使用せずにそのまま宙に浮いたテントの中で横になる。寝苦しかったが、疲れには抗えず直ぐに寝れた。

第四章ノーザンテリトリー州

温泉のある街

２０１９年５月２９日

キャサリン(Katherine)の街まで８０~９０キロの地点に迫った。地図を見るとわかるのだが、このキャサリンは三方へ延びる道路の岐路に形成されている街であり、交通の要所と言える。筆者が走ってきたＷＡへ向かう西方への道、ノーザンテリトリー（ＮＴ）の州都であるダーウィンへ向かう北方への道、そしてエアーズロックなどで有名なアリススプリングスというオーストラリア中心部へ向かう南方への道へアクセスすることができる。

そして、キャサリンには一つ楽しみにしていることがあった。オージー達からの情報によると温泉があるというのだ。自転車旅生活ではほとんど湯船に入る事ができないので嬉しい情報だ。現在のモチベーションのほとんどが温泉で保たれていると言っても過言ではない。

ＷＡの頃は身の危険を感じながら走っていたが、ＮＴに入ってからは慣れてしまったのか「なんとかなる」

という感じで走っている。休憩所の間隔が短いというのも安心感を与えてくれる。というかWAの北西部がおかしい。次の休憩所まで100キロ以上とか死人サイクリストが出てもおかしく無い。

その安心感が油断を招き、レストエリアでのキャンプ後は食料不足に陥ってしまう。この日もビスケットが少しと、温存しておいたオレンジジュースくらいしかないなかでスタートした。

キャサリンまで10キロと景色に街の面影が出てきた地点でブッシュファイアー（Bush Fire：山火事）に遭遇した。以前から遠方で煙が上がっているのは見た事はあったが、間近で見たのは初めてだった。燃えている。燻っているという感じではなく、火炎が見える。この国では常に何処かで山火事が起きていると言われている。最も乾燥した大陸と言われているだけはある。日本であれば湿度が高いので草木が燃えるには厳しい条件が必要だ。そして上空には猛禽類が舞っている。ネズミやヘビなどの小動物が逃げ出すところを狙っているのだろう。

街に入るとガソリンスタンドが出てきたので、そこで休憩がてらにチキンバーガーを食べた。判断力が鈍るので栄養補給は最優先だ。街の中心部のバッパーらしき建物へ寄ってみるがレセプションに人がいない。少し待っても来ないので諦めることにした。こういう場合は縁がないという事にしてさっさと退散するのが自分流なのだ。スーパーなどの位置関係を把握してさっきのガソリンスタンドの隣にあったキャラバンパークへ戻る事にした。

レセプションで申し込むと、部屋は満室で宿泊できないというのでテント泊でチェックインした。45ドルとなかなか高額だったが、遅くなるとテントサイトも満員で入れなくなる気がする。三叉路の街なので滞在者が多いのだろう。

事前にテントサイトを下見していたので、テントサイルが設営できる区画を指定した。いつも通りにテント設営をしてシャワーを浴びたところで、自転車のリアホイールのスポークが折れている事に気がついてしまった。リアホイールが少し歪んでいる気はしていたがスポークが折れていたのか。前回スポークが折れたのはパース手前、もうあれから二ヶ月も経ってしまった。まだ17時前だったので自転車屋を探しに中心街へ戻ろう。

ロードバイクなどを専門で取り扱っているサイクルショップはこの街には無いみたいだ。自転車なども販売しているトイショップがあったのでそこを訪ねたが、スポークなどは直せないと言われてしまった。どうしたものかと思っていたら、トイショップの店員が近くにあるアウトドアショップであれば修理できると教えてくれた。閉店間際だったが、店に入って自転車を見せると、明日の朝来てくれと言われた。交換用のスポークはパース（Perth）でスペア用に一本貰っていたのでそれを使う事にした。

自転車修理の予定が入ったのは予想外だったが、逆にキャサリンまで辿り着けて良かった。明日には発つ予定だったが二泊になるかもしれない。スーパーで食料を少し購入してキャラバンパークへ戻った。なるべく前荷重にして後輪への負担を軽減させて自転車に乗るようにした。寝る前にはテント内で久しぶりのネットサーフィンを楽しんだ。

2019年5月30日

起床後、直ちに自転車を預けに向かった。スタッフにシドニーから自転車で旅をしていることを伝えるとインタビューしたいと言い出してきた。とりあえず従っていると、店の前に椅子を並べてスマホ片手にインタビューを始めた。フェイスブックの店ページにアップロードされるらしいが確認していないので出来栄えはわからない。

さて、修理完了するまで2時間くらいは暇になる。朝の寒さから逃れるためスーパーへ行く事にした。ベーカリーでカレー味のパイを購入し、カフェではカプチーノをテイクアウトしてベンチに座って朝食にした。

食事をしながら、ここキャサリンにもう一泊することを決めた。焦りは禁物だ「置き引き事件」のように不幸が重なって事件事故を誘発する可能性もあるので、ここではグッと堪えてゆっくりしよう。

パイを食べ終えた後はベンチに座ってスマホゲーとユーチューブで時間を潰していた。街に来ても自転車旅では買物もできない。そのため特段やることは無いのである。次はマクドナルドへ場所を変え、マックフルーリーを食べながら時間を潰した。

自転車は見事に修理されて戻ってきたが、まだホイールのフレが残っている気がする。この辺はダーウィンまで行ってメンテナンスした方がいいだろうから、とりあえず走れればいい。修理後はスーパーで昼と夜の食材を購入してキャラバンパークへ戻った。

そして遂に温泉に赴く時が来た。実はキャサリンの温泉はこのキャラバンパークの裏手にあり、徒歩圏内なのだ。谷を下ると直ぐに温泉が見えて来た。上から見ている分には温水なのか

キャサリンの温泉。

はわからないので半信半疑だが、水着姿の沢山の観光客が泳いでいる。早速水着に着替えて階段を降りると、僅かに熱気を感じることができる。水へ入ってみると確かに温かいが、日本人的に言うとぬる湯だ。それでいて足が底につかない程深いので、立ち泳ぎを強いられる。そのためリラックスといった感じでは無く、どちらかと言うとアクティビティだ。

驚愕なのはその透明度で、光の透過率９０％近くはあるのではないだろうか。そのため潜ったり、底から上を見上げると楽しい。

夕暮れ前で外気温が落ちると湯冷めが怖い。温泉からあがり、Ｔシャツを着てテントへ戻り、シャワーを浴び直して体を温めて寝た。

ダーウィンに到着

２０１９年６月１日

キャサリンを出発して二日目の朝、最近は寒さで目が覚める。場所はキャサリンの北西にあるパインクリーク（Pine Creek）という街の更に北にある道沿いのレストエリアだ。テントから出て出発準備を整えても寒くて出発できない。風を一身に受ける自転車は寒さに弱い乗り物なのだ。行動食を朝食替わりに食べて9時まで待機した。昨日は辿り着けなかったが、２０キロ先にアデレードリバー（Adelaide river）という補給場所があるので、そこでブランチにしたい。

アデレードリバーは観光客らしき人も多く賑わっていた。ガソリンスタンドにはホットスナックくらいしかない。裏手にはホテルがあったので、何か食べれる場所がないか覗いてみると朝食が食べられるようだ。いつものブレックファーストでも良かったが、「パンケーキ」という筆者にとって珍しいメニューがあったので注文すると、騒がしい朝食プレートが出てきた。パンケーキ、ベーコン、アイスにはシロップがまぶされている。ベーコンを差し引いても全体的に甘い。日本人にとっては「これじゃない感」が否めないが、カロリーがあるので及第点としよう。もう注文はしないけど。

快調にペダリングしていると、白い煙で道路が覆われてきた。パチパチという音が聞こえてきたと思ったら、また山火事に遭遇した。今回のはかなり規模が大きく恐怖が煽られる。道路に燃え移ることはないので離れていれば大丈夫だろうが、身の危険を感じる迫力で映画ロケでもしているのだろうかと考えてしまう。まるでゴジラでも通ったのかというような雰囲気で一面が焼野原だ。

ダーウィン（Darwin）が近付くにつれてガソリンスタンドが頻繁に出現する。インフラがあるのは安心できる。高い建物も見えるので、まさに都会という感じだ。早く着きたい一心で、追い風まかせに無理やりペダルを回した甲斐あってか、夕暮れ前にはダーウィンに到着した。三番目の州都なのだが、旅に慣れてしまったのか特に感傷もなくなってしまった。アデレードやパースに到着した時ほどの感動がないのが寂しい。

まずは寝床の確保なので、バックパッカーズの多い中心街に向かおう。都会と書いたが、ダーウィンはパースやアデレードに比べると小さい街だ。良く言えばコンパクトにまとまっているとも言える。郊外もあるのだが、車のないバックパッカーや旅行者の多くは中心街で過ごすことになりそうだ。チェーンホステルの

「YHAダーウィン」に三泊でチャックインした。一番安い相部屋のドミトリーでも料金は一泊で27ドルでやや高い。現在の乾季が観光客を呼び込むハイシーズンなのだろう。

ダーウィンでは自転車のタイヤを交換したい。パースで交換してから3000キロは走っていて擦り減っている。ダーウィンへは「来るのが目的」みたいなものなので特に用事はない。タイヤ交換をしたら直ぐに出発しキャサリンへ戻るつもりだった。

部屋に入ってルームメイトに挨拶をして、シャワーを浴びにいった。トイレにコンドームの自販機があるのはカナナラと同じだ。南部では無かったが、北部では割と当たり前なのだろうか。

共用エリアのバルコニーへ行くと賑やかな音楽が聞こえてきた。ホステル内にバーもあってか土曜日の夜らしい盛り上がりを見せている。筆者は酒を飲むわけでもなく、うるさいのも嫌いだし、喫煙者（屋外なのでタバコが吸えるみたいだ）が多い中へ入って行くつもりもない。

キッチンも人が多い時間帯なので疲れる。夕食は宿の前にあるケバブショップで済まそう。テイクアウトして洗濯機を回しながら屋上にあるランドリースペースで食べていた。レストエリアやロードハウスは人がいないのでとにかく静かで、他の利用者も老後の夫婦という感じだから寝静まると音のない世界となる。そんな生活を続けていたせいなのか街のノイズに体が少し拒否反応を示している。数日もすれば慣れてしまうのだろうが。

屋上からは中心街が見下ろせる。目の前の旅行代理店の看板には「カジュアル トロピカル」と書かれてある。このダーウィンのキャッチフレーズは見事にハマっていると思う。

街は盛り上がっているが、早々に寝て疲れを取ろう。この時は三日の滞在予定が二十日になるとは思ってもいなかった。

２０１９年６月２日

擦り減ったタイヤを交換するためにサイクリングショップをスマホで探していると、近所に営業しているショップがあった。自転車を店に持ち込んで話をしてみる。
「タイヤを交換したい。」とオーダーすると、
店員がタイヤの減り具合とサイズなどを確認し始めた。
「リアホイールにブレがあるからスポークも調整してほしい。」と更に言うと、
店員が何かを気にしてホイールのスポーク二本を片手で握った、その瞬間、
「バリッ。」という乾いた音を出してホイールのリムが割れた。
（コイツ、何てことをしてくれたんだ。）と思ったが、
直ぐに冷静になり、リアホイールを限界まで消耗させていたということに気がついた。従ってタイヤどころか、なんとホイール交換になってしまった。この店では対応できないと言われてしまったが、その代わりに修理できる自転車屋を紹介してくれた。
その自転車屋は郊外にあるようで、自転車で二十分ほど要する。ホイールが割れているが、まだなんとか乗れそうなので、その足でそのまま自転車屋を目指した。ダーウィン空港の近くまで来たところで、その自転車屋を発見した。中に入ってみるとロード、クロス、ツーリングバイク、リカンベントまで何でもある。これは期待できそうだ。

自転車の症状を伝えると、すぐにサイズや在庫を確認して対応してくれた。今回の破損の原因はホイール自体の耐久力不足だろう。後輪は荷物を積むのだから負荷が大きいのは仕方がない。つまりは初期設計ミスだ。スポークの本数を増やした剛性の高いホイールに換装することにした。

二時間くらいで修理は終了すると言われたので、それまで外のカフェで時間を潰そうと思って店を出ようとした時に問題が発覚した。店頭在庫の部品ではディスクブレーキなど他の部分が機能しなくなるので修理できないと言われた。パーツの組み合わせの問題だ。

合わせるためには追加でパーツを発注しなくてはいけない。そして部品が届くまでに一週間はかかってしまうと言う。自転車がないと当然旅を続けられないので、この時点で延泊が決定した。

自転車をそこに預けてバスで宿へ帰る事にした。ダーウィンのバスは非常に利用しやすい。大人一人3ドルで三時間乗り降り放題だ。最初に3ドルを運転手に渡して時刻が記入されたチケットとなるレシートを貰う。それを運転手に見せるだけでいい。非常に明瞭な制度なので日本の交通機関も真似してほしい。

そして結論を言うと、この自転車修理に二週間を費やした。連絡がないので痺れを切らして二週間後に直接店へ行くと、

「直ってたけど電話番号がわからないから連絡できなかった。」と店員は言うが、間違いなく電話番号を記入した覚えがある。実際は部品を発注してなかっただけなのではないだろうか。他の部品と一緒に発注しようとか考えていたに違いない。それに十日目くらいでこちらから電話も掛けているのだ。

自転車修理中にはカジノでブラックジャックをやっていた。宿から歩いて十五分ほどの場所にカジノを発見したのだ。実は携帯の電波がない時の暇つぶし用にスマホにダウンロードしたのはドラクエだけでは無い。

ブラックジャックのゲームもインストールしておいたのだ。その成果を確認しようと試してみることにした。ちなみに筆者にカジノの経験はない。

２００ドルをATMから引き出してスカイシティというホテルへと向かう。夕暮れの時間帯なのでカジノはこれから盛り上がりを見せるはずだ。普通に入れてしまったが、エントランスでパスポートを確認しないのは大丈夫なのだろうか。

早速、ブラックジャックのゲームテーブルに腰掛け、キャッシュをディーラーに渡してチップを貰った。最低賭け金２０ドルのテーブルに座ったので最低試行回数は十回だ。連敗で即終わることはないだろう。

とりあえずはベーシックストラテジーに沿ってプレイしてみよう。筆者のベーシックストラテジーの完成度は８０％といったところ。浮き沈みしながらゲームを続けた。ブラックジャックは配られたカードの合計値が大きい方が勝者となるシンプルなゲーム、その合計値が２２以上だと負けとなる。プレイヤーは合計値を考えながら、

○ヒット（カードを一枚引く）

○ステイ（カードを引かずに勝負する）※他のアクションは省略。もちろんスプリットやダブルなどもある。

をディーラーに合図すればよい。ヒットはテーブルを指で叩けばいいし、ステイはテーブルの上で手を振れば大丈夫なのでほとんどしゃべらなくてもゲームができる。

実際にプレイしてみるとバスト（２１を超えること。オーストラリアでは「Too many.」と言う様だ。）が怖くてヒットできないなんてこともあった。それでも資金を溶かす事なくゲームをプレイしていく。

このカジノのブラックジャックは二デッキでプレイしているようだ。一ゲーム終了毎にシャッフルマシー

ンに使用したカードを投入している。ほぼカウンティングは意味がないだろう。（できないけど。）こうなるとカットマシーンの構造が気になる。どの様にシャッフルしているのかが分かれば対策ができるかもしれないが見れるわけもない。

そんなことを考えながらも、ヒット・・・ステイ・・・ダブル・・スプリット・・・と単調作業を重ねる。ディーラーは定期的に入れ替わり、ディーラーによってカードを配るリズムや力強さが異なる。フレンドリーな人もいれば淡々とゲームをする人もいる。

一気に時間が過ぎて気がついたら日を跨いでいた。更に午前4時くらいになった時、「閉店だ。」と言われた。残金は８０ドルでゼロにはならなかったが負けだ。２００ドルを無くすまでやるつもりが、八時間ほどプレイして一日耐え抜いてしまった。そんなことよりも吐き気がして体調が悪い。昼くらいまで寝るとしよう。

スカイシティダーウィンの客層は欧米人、アボリジニ、アジアンと普通のカジノだが、みんな服装がラフでダーウィンらしい気がする。セルフのコーヒースタンドなどもあって無料で飲めるのが嬉しい。入りやすいしカジノ初心者にはおすすめだ。別な日にも挑戦して最終的には４００ドルほどなくなってしまった。

カカドゥ国立公園のバスツアーに参加

ダーウィンの付近には2つの国立公園がある。カカドゥ国立公園（Kakadu National Park）とリッチフィールド国立公園（Litichfield National Park）だ。ダーウィン滞在中にこの二箇所を訪れるバスツアーへ参加したのだ。本来ならばダーウィンからの帰り道に自転車で寄るつもりだったが、時間が勿体無かったので自転車修理中にツアーで済ますことにした。二泊三日のツアーで料金は450ドル（約36000円）だった。

ツアーのスタートは朝6時半、ホステル前でバスにピックアップされることになる。まだ暗い早朝にホステルの玄関で待っていると予想通りに予定時刻を過ぎた頃にバスはやってきた。荷物を預けて乗り込み、最後部の窓側に座った。

ツアー参加者全員が乗り込んだようで人数は十二人だ。そこに二人の男性ガイドが付いている。カウボーイハットに柄シャツと両者いかにもアウトドアの達人という雰囲気で頼もしい。隣には若いドイツ人の女性が座った。欧米人アルアルだが見た目よりかなり若いのだろうな。単身女性は多いが男一人での参加者は筆者一人だった。いい歳の夫婦などはいるのだが、若い男はツアーなど参加しないのだろうか。（筆者は若くもない。）

バスに揺られて最初に訪れたのはカカドゥナショナルパーク内のクルーズができる川だ。当然、この川にも野生のクロコダイルが生息している。ガイドの説明ではクロコダイルはジャンプするから、顔や手を船から出しすぎるなと言われた。つまり死ぬってことね。

この川はいかにもな川である。日本で似た場所というと釧路湿原が近い雰囲気だろうか。いきなり川縁にクロコダイルを発見した。日陰で休んでいたようだが猛々しい姿だ。クロコダイルだけでなく、水鳥もたくさんの種類がいる。小さな鳥が水草の上を伝って歩いているのが可愛らしい。

おもむろにガイドが水面から蓮の葉を取り上げた。蓮の葉の表面は水を弾くことができる。この性質を利用してアボリジニなどの先住民は蓮の葉を水筒として利用していたと説明してくれた。知識として、蓮の葉の表面が構造的に撥水性が高く濡れないということは知っていたが、実際に見ると驚異的な撥水性だ。綺麗な球状の水滴がツルツルと葉の表面を滑っているのを見ると驚きを超えて神秘的でさえある。それにしても、枯れてる葉でも水滴を弾き続けるのは凄い。身の毛もよだつ大きさのクロコダイルには出会えずにリバークルーズが終わりランチ休憩になった。バスでナショナルパーク内のロードハウスへ行き、テーブルスペースを利用してサンドウィッチを食べる。バスから食材や食器を取り出してみんなで準備するDIYランチだ。野菜をカットしたり、チー

巨大なクロコダイルに尻込みした。

ズを削ったりして準備終了。

ビュッフェスタイルで順にサンドウィッチを作る。ピクルスみたいなソースをパンに塗り具材にハム、チーズ、トマト、レタスをチョイスした。席に座って食事タイムとなると同時に自己紹介タイムになった。順番に名前と年齢、その他を言っている。日本人であることと、自転車旅をしていることを話せば大丈夫だろう。聞かれることも慣れているから助かる。

そして、このロードハウスは巨大なクロコダイルを飼育しているというので、食後にその檻へ見に行った。

(え?なにこれ?)

そこにいたのは、まさに恐竜だった。

「ただの恐竜」それ以上表現しようもない。もちろん実物の恐竜を見たことはないのだが、体表の鱗、尻尾、足や爪は映画や図鑑で見る恐竜そのものだ。こいつには絶対に勝てない。本能的に理解させられた。

次に訪れた場所ではアボリジニの壁画を見ることができた。ガイドに案内されて到着した岩壁に描かれているのは博物館で見たあの独特なアボリジニテイストの絵だ。平面的で無機質で、それでいて不思議な世界観に引き込まれる。魚、亀、人など色々な絵があった。

こういう絵を見ていると変な妄想をしてしまう。例えば、実はこの壁画は凄く絵が下手なアボリジニが描いたもので、上手い人達は紙に描いていたので残っていない。とか、その様なオチはないのだろうか。

岩場に登れたりもして、高台からナショナルパークの景色や風を堪能することができる。その途中にも絵があるのだが、その絵がなんの絵かわからないらしい。おそらく動物だと言っていた。

「何の動物だと思う?」とガイドが皆に尋ねる。

返ってきた答えは、カエル、モンキーなどだった。本当に絵が下手な奴が書いたのではないだろうかと思った。

夕方近くになり、宿泊場所へとバスは到着した。舗装された幹線道路から逸れた場所にあって、施設というよりベースキャンプエリアと言ったほうが正しい雰囲気だ。それでもガス、五徳、鍋が設置されていて食材を持ち込めば料理ができるようになっている。ちなみに電気はない。

リビング的なメインの大きな小屋以外には、就寝用の簡易小屋とテントがあって、それぞれスリーピングマットが敷いてある。好きな場所を選び寝袋で寝るスタイルだ。筆者としてはいつもと変わらないというか、小屋なだけかなりマシなので快適そのものだ。

ガイド達が豪快に料理を始めた。その間他のメンバーは焚き火を囲ってキャンプファイヤーを楽しんでいたが、筆者はシャワーを浴びて、食事会場となるリビング内で調理の様子を見ていただけだった。行動が一々合理的になってしまうと寂しくもある。

料理を受け取り、蝋燭が灯されたテーブルに座る。メニューはチキンと野菜の中華炒めといった感じで酸味は強め、味付けはケチャップで、別途炊飯したライスに盛ってある。

蝋燭では光量が足りないので全体的に暗い。三つ、四つ席が離れると誰が座っているのか分からなくなる。端から見ると何かの怪しい儀式のように見えるだろう。そんな雰囲気なので自ずから静かな食事となる。もともと食べてるときはひたすら食べたいタイプなので好都合だった。スプーンと陶器のぶつかる音だけが響いていていた。

皿を洗って片付けた後は焚火を囲ってトークタイムなのだが、協調性のない筆者は自分の小屋に戻り、ダウンロードしておいた動画を見て寝た。

翌朝も寒かったが自前の寝袋のスペックが高いので睡眠は問題なかった。普段のテント泊より広いスペースで寝ているのでむしろ快適だ。寝袋から出ると寒いのでシャワーを浴びに行こう。昨夜も利用したこのシャワールームはベースキャンプから離れた場所にある。蚊が多いので気をつけなければならない。

ベースキャンプに戻ったら朝食の雰囲気だった。シリアル、ミルクのコンチネンタルブレックファーストだ。トースターの代わりにガスコンロで焼いていくスタイルだがコンロ待ちの行列ができている。並べない人間なのでシリアルとインスタントコーヒーで済ませた。

出発準備を整えて、バスに乗り込んで本日のツアー開始である。ガイドが今日はスイミングだと言っている。このカカドゥには泳げる場所がいくつかあるらしいのだ。さぞかしインスタ映えしそうな場所に違いない。

バスは、キャンプ場兼パーキングのようになっている雑木林に到着した。そこからハイキングして泳げるスポットに行くらしい。少し進めば、登山道のような雰囲気になる。岩場も少し出てきたりするのでソールのしっかりした靴でよかった。

山に入っても見える植物や雰囲気がどこか日本と違うから面白い。崖沿いを歩いたりして二十分くらい進むとその遊泳スポットが眼前に現れた。谷になっている岩場を抜けるようにして川が流れている。その一部分に遊泳できる広さのスペースがあった。みんな水着に着替えて崖を降っているが、足を踏み外したら普通に死ぬような崖だ。日本だったら絶対にこんなツアーは成立しないだろう。無事に崖を下りプール付近に到着した。コケで滑る岩を慎重に伝いながら入水する。足は着かない。

渓谷にある天然のプール。

ゴーグルを装着して下を除いても全く見えない。漆黒の闇だ。ジンベイザメツアーの海はどこまでも青かったが、今回は黒だ。自分の足先もぼやけている。ガイドに水深を尋ねると8~9メートルと言うので、潜ってみたが2メートル位で急に怖くなり浮上した。よく考えると水は淡水で得られる浮力が海水より小さい。泳ぎは得意な方だが、恐怖感に勝てなかった。

更に監視員がいるわけでもなく常に解放されているので、いつ誰が泳いでもお咎めなしの場所である。今まで一体何人が沈んだのだろうか。そう思うと怖くなったのだ。潜るのは視界がある水深1メートル前後にしておこう。それ程この水の黒さは恐怖を煽る。もしかしたらこの底には今でも・・・。

にしても、今まで経験できなかった渓流での遊泳は楽しかった。海よりも自然の中にいる感覚がある。水から上がって着替えを済ますと、下流へ向かった。実はこの下の部分でも泳げるのだ。遊泳スペースとしてはそっちの方が断然広い。十分くらい迂回してそのスポットへと到着した。奥の滝壺まで50メートルくらいはあるのではないだろうか。よく見ると魚もいる。水中の視認性が高いのは開けていて光が入ってこれるからだろう。さっきまでのプールとは変わって解放的だ。潜って魚が見れるというのはとても楽しい。モンスターハンター（カプコンのゲーム）

の雰囲気の様なプールだ。女性陣は滝の近くの岩場で寝そべって日光浴とまさにインスタ映えなことをしている。一方の筆者は水に潜って黙々とこのエリアのヌシを探していた。

ヌシは居なかったがいい経験ができた。バスに戻って次の遊泳スポットへと向う。次は滝を横目に三十分くらいかけて階段を登っていく。その上に泳げるスペースがあるらしい。一般観光客の中年のオージー達はゼーゼー言いながら、ビールを片手に登っている。

滝の上に到達すると、確かに眺めはいい。ナショナルパークの雄大さが伝わってくる。眼下に広がる熱帯林は温帯のブルーマウンテンズとも違う独特な景観だ。ちなみに、滝の方に近付きすぎると落ちて死ぬから注意しろとガイドに言われていたので、絶景をバックに石の上でシャドーボクシングをしてみるが、いい絵は撮れなかった。インフルエンサーは諦めよう。

ツアー二泊目はロードハウス付属のキャラバンパークでのテント泊だった。ロードハウスとキャラバンパークのコンビネーションは日常なのでなんの緊張もない。宿泊するテントは既に設営されていた。テントのフライシートを外すと星が綺麗だからオススメだとガイドは言っているが、絶対に寒い。フライシートはそのままにしよう。女性陣が次々とフライシートを外している。欧米人の耐寒性は異常だよね。

シャワーを浴びたりしているうちにガイド達はBBQと焚火の準備をしていた。大量の牛肉とソーセージを鉄板に投入している。手慣れたトング捌きで肉を裏返している光景は見ているだけで唾液が出る。焚火の方はバギーで薪にする倒木を引っ張ってきている。日本人のイメージする焚火のスケールを超えている。

肉を取り分け、牛肉をナイフでカットして頬張るがなかなか噛み切れない。これがオージービーフなのだ。ビールで酔っぱらった一人のオヤジが星空を指差し「NASAのスペースステイションだ!」と何人にも同じ話をしている。本当かどうかは知らないが、NASA関係なく、とりあえず星空は綺麗だ。

食後にはショップの方へ行ってビールを買った。店内には水槽があって、その中には30センチほどの小さなクロコダイルが飼われていた。これくらいなら可愛いもんだ。

サイトに戻ると焚火の準備に移っていた。ガイドがライターで枯葉に点火する。近くにいた筆者が顔を地面に近付けて空気を吹き込む。二、三回繰り返したが呼気は必要ない事に気がついてやめた。点火された小さな火は勝手に落ち葉や枝を巻き込み、一気に炎となった。日本では考えられない速度で延焼していく。それほど乾いているということなのだろう。

太い倒木が水蒸気をわんさか吐き出している。まるでパイプのようだ。煙がなくなったかと思いきや、遂にその丸太にも火柱が上がった。火勢が増して輻射熱が凄いので半歩下がるが、離れ過ぎると寒いというジレンマがある。

テントに戻り、支給された汚いマットを展開した。その上に寝転がり、寝袋に包まるとあの独特な焚火の匂いがする。日本にいた時から燻製や焚火をよくしていたので慣れた匂いだ。明日の朝も寒そうだ。

翌朝、目覚めと共にシャワーを浴びに行った。星を見る為にテントのフライシートを外した人達は無事に寝れたのだろうか気になったが、若い欧米人の前には杞憂だったようだ。朝食はいつものコンチネンタルだ。コーヒーを飲んだらバスに乗り込む。今日の目的地はリッチフィールドナショナルパークだ。バスが出発する頃にはかなり日が昇っていて、朝の寒さは何処かへ行ってしまった。

リッチフィールドまで二時間はかかる。バスに揺られながらウトウトしていると休憩地のアデレードリバーに到着した。気付いた読者もいると思うが、このアデレードリバーは自転車でも休憩に利用した場所だ。訪れたのは二十日も前になってしまった。

昼前にはリッチフィールドに到着した。カカドゥよりもダーウィンからのアクセスが良く、駐車場から天然プールも近い。売店もあって他の観光客も多く人気だ。自然を求めるならカカドゥで、遊び重視ならリッチフィールドという住み分けができているのだろう。

最初の天然プールは滝から水が注ぐ巨大な滝壺プールという感じで雰囲気満点だった。淡水魚もいるし透明度もそこそこあって楽しい。同じツアー客のドイツ人の女の子が「Very cold.（めっちゃ冷たい）」と言っていたのでビビったが、泳いでいれば問題ないレベルだった。潜ってみると何か財宝でもありそうな雰囲気で無性にワクワクする。トレジャーハンターになるというのもいいな。

次はプールというより川だ。部分的に大きな窪みに水が溜まっていて遊べると言った感じになっている。ここでは泳がずに、川沿いを歩くことにした。すると、黄色いスネークがいるから気を付けろと同じツアー客に声をかけられた。覗きに行ってみるとヤツはいた。看板や写真でも見たことがない綺麗な光沢のある細長い蛇がいた。顔をあげてじっとしている。時折頭を左右に揺らす挙動を見せる。可愛い顔をしているが、毒はあるのだろうか。隣のおじさんに名前や毒の有無を聞いてみたが、わからないと言っている。周りでは普通に観光客が遊んでいるが、蛇の一挙手一投足には常に注意を払っている。蛇が少し動くと皆びっくりしてサーっと離れる光景は見ていて面白い。この国では蛇が最強だと小さい頃から叩き込まれるのだろう。MMAチャンピオンだろうが大統領だろうが噛まれたら呆気なく死ぬのだから無理もない。

時間がきたのでバスに引き上げた。次のプールがツアー最終予定となる。到着した駐車場はバスも停まれる大きい駐車場でしっかり舗装されているのは先ほどと一緒だ。まずは昼食ということで、恒例のDIYサンドウィッチを食べた。食後に向かったプールも滝から水が注がれている。本来ならクロコダイルがいるエリアなのだが、柵で囲ってあるので大丈夫とのこと。一通り見学してから、着替えてプールに入水した。透明度は微妙だけど魚もいる。クロコダイルが侵入してきたらパニックになるんだろうなと思いながら滝まで泳いだ。実際に時々柵をこえるクロコもいるらしい。

欧米人が滝の水を浴びていると遊んでると言った感じだが、日本人だと打たれてるとなるのは何故だろうか。滝の水はとても冷たかった。長居すると寒いので早めにあがって日光で温まった。

バスに戻りダーウィンへ向かう。ツアーもいよいよ終了だ。ホステルに到着し、ガイドと別れて終了したと思ったが、ガイドがホステルのバーでビールを飲んでいた。見つかってしまったので一杯だけ付き合うことになった。ガイドの彼は二十二歳で筆者より十歳も年下なわけだが絶対にそうは見えない。

隣に座っていた女性に自然に話しかける様子はさすがだ。彼はヘリコプターパイロットでもある。初対面の人に仕事の説明をする場合「ツアーガイドとパイロットどっちの方がカッコいい？（Which is cooler?）」と聞いていた。その女性の場合はパイロットの方がいいらしい。

ガイドに外に飲みに行くかと誘われたが、明日はいよいよダーウィンを出発する日だったので断った。ダーウィンでは予想外に長居してしまったがカジノやツアーを楽しめた。これくらい休んだ方が自転車も乗りたくなるのだ。街や人に疲れたので、明日からの一人の自転車旅が待ち遠しい。

マタランカでまた温泉

2019年6月23日

再訪したキャサリンで朝を迎えた。ダーウィンを出発してなんとか二日でキャサリンへ戻ることができたが、昨夜は就寝時間が遅かったので疲れが少し残っている感覚がある。向い風で疲弊しながら先月利用したキャラバンパークに駆け込み、テント泊でチェックインさせてもらったのだ。もう一泊しようか迷ったが、次の街のマタランカ（Mataranka）までは100キロとそこまで長い距離では無い。現在のコンディションでも十分到達できるはずだ。

キャラバンパークを出発して5分ほどのところにあるマクドナルドへ向かった。朝マックというやつだ。エッグマフィンを注文したが小ささに驚いた。マクドナルドだけどうして日本サイズなのだろう。自転車走行の消費カロリーに対してなんと非力なことか。ビッグマックを追加投入した腹でスーパーへ行って水を買ったらいよいよキャサリンを離れる準備が完了した。

行き先はアリススプリングス（Alice Springs）方面で南下することになる。アリススプリングスと言えばウルルやエアーズロックという名称で有名な世界遺産のあるオーストラリア屈指の観光地だ。しかしアリスを訪れる予定はない。その手前で東に進路変更して、東海岸のブリスベン（Brisbane）を目指す予定だからだ。あくまで目的はオーストラリア一周で観光にはそれほど興味がない。旅が終わり、行きたくなったら行こうかなというぐらいでしかない。

　ちなみに、ダーウィンから南下してきている道はアリススプリングスを経由してアデレードまで繋がっている。オーストラリア縦断と言えばこの「ダーウィン～アリス～アデレード」のルートを指す。自転車界でも一周ではなく縦断が目的でこのコースを走る人も多い。そして風向きは南なので、ここでも向い風となった。

「はい向い風～。今日も向い風～。西海岸からずっと向い風～♬」諦観と嘆きを込めて口ずさみながらペダルを回す。

　風を正面から受けるのと、朝の寒さもあって上着を着込んだが、すぐ登りになって暑くて必要なくなってしまった。それにしても「向い風＋登り」の組み合わせは厳しすぎる。坂道の頂上付近にレストエリアがあったので休憩したが、日陰は寒いが日向は暑いという微妙な天気で休憩もし難い。風に押し返されそうになりながら緩やかに坂を下った。

　マタランカに到着したのは17時前と距離の割には時間が掛かった。マタランカは道路の両脇に店や建物が並んでいる「幹線道路＝メインストリート」タイプの小さな街だ。まずは街の入口にあるガソリンスタンドへ入り、トイレを済ませて店内の様子を見る。品揃えと値段を確認するのはとても重要なことなのだ。

　道路脇の看板にはキャラバンパークのマークと同時に「Hot spring.（温泉）」の文字も記入されている。キャラバンパークと同方向に温泉があるなら好都合だ。

　キャラバンパークのレセプションまで行き、ハンモックテント（と言うと通じやすい）の設営が可能か聞いてみるとダメだと言われてしまった。

　別のキャラバンパークをあたらなくては。そこを去る前に広場に大きなトレーラーが停まっている。その車体にはデカデカと「PIZZA」の文字がある。ガソリンスタンドで夕食を後回しにして良かったと思いながら、早速「ミートラバー（Meat lover）」と言う実に欲望に素直な名前のピザを注文した。１４ドルをカードで支払い席に座って待つ。Colesに売っている3ドルの冷凍ピザを焼き直しただけだったらどうしようかと思いながら、ピザを受け取り一切れ食べる。生地がもっちりしていて美味しい。それでいてソース、チーズ、サラミなどの具材をしっかりと受け止めている。焼き加減も申し分なく、これは当たりだ。伊達にトレーラーで派手に商売してないな。ピザの女王「マルゲリータ」を追加で頼んで二枚をたいらげた。

温泉の看板に従い奥へ進むと直ぐに舗装された駐車場が出てきた。マタランカ温泉はかなり有名でキャサリンよりもベターだと多くの人が言っていたから、れっきとした観光地なのだろう。

駐車場からも舗装路が伸びているので自転車で遊泳口まで行ってみると、踊り場からとても青く透明な水が見えてテンションが上がる。既にオージーが何組か泳いでいる。服を脱いで水に浸かる。やはりぬる湯だが、キャサリンより温かい。もちろん足はつかないので「立ち泳ぎ」という安定の重労働が強いられる。それでも雰囲気がキャサリンと全く異なるので面白い。そして遊泳スペースが大きいので飽きない。ここの雰囲気も「モンスターハンター」のイメージそのままだ。ゲームの様に水中を探索してしまう。圧倒的な透明度で青く見えるこのマタランカ温泉はとてもミステリアスだった。

この温泉は川の一部を切り取ってその区間を遊泳場所としているようだ。従って一方向への流れがある。その流れに乗ると楽だが、帰りは頑張って泳がなければならない。水中の倒木を潜ったり、水面に浮いている苔だか藻みたいな水草の下から空を仰いでみたりできる。先が鋭く割れている倒木などもあるので気をつけねばならないが楽しい。

最後に拝みたいのは生き物だが・・この透明度からして水中のプランクトンなどの生物がかなり少ないのだと思う。ph値が中性の7から遠い気がする。強いアルカリなら肌が溶けてヌメる感覚があるはずだが、それがないと言うことは酸性なのだろうか。生き物には辛い環境だが、対応できれば水は年中暖かく、天敵も少ないのでメリットはあるだろう。とか考えている時、まさに動く物体が目に入った。必死に隠れようとするそれは亀のような外観で多分スッポンだと思う。追跡したが隙間に入ってしまったのか出てこなかった。

日が沈むと寒いので二十分くらい遊泳して、別なキャラバンパークへ向かった。いつも通りにテントグラウンドを事前に確認して設営ポイントを決めてチェックインした。テントが設営できた頃にはすっかり暗くなってしまったが、夕食は既に済ませているので時間的には余裕がある。

シャワーを浴び終えて、洗濯物を干していると、

「自転車かい？」と一人の青年に声を掛けられた。

彼は台湾人でミン君という。彼も自転車旅が好きらしい。なんでも台湾を既に自転車で一周したとか。オーストラリアを彼女と二人でロードトリップしているようだが、いつかは自転車でも走りたいと言っていた。

共用キッチンに場所を移して二人と話す。将来はアメリカ大陸を自転車で縦断したいとミン君は言っている。彼女の顔を横目で伺いながら相槌を打つ。彼女が少し心配そうな顔をしている気がするのは考え過ぎだろうか。二人がどこまでの関係かはわからないが、自転車旅というものは交際している女性にとってはかなりのマイナス材料だろう。筆者は彼女の誕生日を放ったらかしにして自転車旅に出かけたことがあり、遠からずそれが理由でフラれている。誕生日は一ヶ月後にでも祝えばいいと本気で考えていた。今でも割とそう思うけど。

自転車話も盛り上がった頃、

「自転車の本を知っているか?」と聞かれた。

もちろん旅行記は好きなので何冊かは読んだことがある。しかし全てが日本人著書だ。その通りに答えると、

「日本人が書いた本の翻訳版を読んだ。」と彼が言うではないか、
その作者はアメリカ大陸から世界自転車旅を始めたらしい。脳裏に一人の作者が浮かんだが、そのまさかだった。

その作者とは「石田ゆうすけ」さんである。そしてその本のタイトルは、
日本版(原作):「行かずに死ねるか」

翻訳版:「不去會死」

そして実はこの本こそ、オーストラリアを旅先に選んだ理由でもあるのだが、それは別の話になる。まさかこんなカタチで繋がるとは。そして「不去會死」と言うタイトルのカッコいいことよ。

すっかり意気投合したころに彼の職業がヘアドレッサーだと言うことを知り、話の流れで翌朝に髪を切ってもらう事になった。料金はタダでいいとも言ってくれた。払うと申し出るべきか悩んだが、自転車仲間の好意なので喜んでお願いする事にした。前回切ったのはアデレードで短髪にした2月末なので四ヶ月ぶりの散髪になる。

すっかり暗く冷え込んでしまった。テントに乗り、服を着込んでエアマットを膨らませて寝袋に包まった。

2019年6月24日

「寒っ！」ピリッとした寒気に叩き起こされた。いつもマミー型の寝袋のチャックを全開にして体の上に掛け布団の様にして羽織るのだが、油断すると隙間から冷気が入ってくる。今朝はそれどころか、エアマットからも冷たさが伝達してくる。今朝の気温は現装備で睡眠する場合の下限温度付近だろう。経験と体感から気温は氷点下付近だと思う。

そして外はまだ薄暗い。体を丸めて寝袋に包まって、気温が上昇するまでテントサイルで籠城を試みるも、呆気なく落城した。シャワー室に逃げ込み、震える手でノズルを回してお湯を出して温まる事にした。自転車旅のテント泊だと朝に暖を取るのはこの方法しかないだろう。濡れてる体でシャワー室から一歩外へ出ると寒すぎて大変な事になるので、時間をかけて体を温めよう。温度差のためかシャワー室に水蒸気の白煙が一気に充満した。

残念な事に、洗濯物（走行時の服装）は全く乾いていなかった。それどころかこの寒気でテントも結露により濡れている。荷物を片付けて、洗濯物干しエリアにテントを掛けトイレットペーパーで水滴を拭き取った。あとは東からの日差しを待つしかない。どちらにせよ、この気温では動けないので出発時刻は遅くなるだろう。

さて、昨夜に出会ったヘアドレッサーこと台湾人のミン君に散髪してもらう時間だ。待ち合わせ場所の共用キッチンへ向かうと、ミン君は彼女さんと朝食の準備をしていた。ミン君は手頃なプラスチック椅子をどこからか持ってきて、芝生の上に置いた。筆者が椅子に座ると、ミン君は手慣れた手つきでクロスを首に巻き、髪型をどうするか聞いてきた。前回はかなり短髪にしたので今回は長めに残して欲しいと伝えた。

ハサミが歯切れの良い音を鳴らすと、合図をもらったかのように日光が凍てついた地面に降り注いだ。そしてオーストラリアらしい青空が広がっている。朝の空気に包まれて髪を切ることの清々しさよ。外で散髪ってこんなにも気持ちがいいとは。

どんなことを喋ったのかは不思議と思い出せない。自転車のことか、これからのオーストラリアライフのことだったろうか。自転車旅は人との関わりがあまり多くないので、意気投合したミン君との会話くらいむしろ覚えていても良さそうなのだが。この空間に言葉が逃げてしまったような感覚だ。

ミン君は良い感じに整えてくれた。髪も邪魔にならなくなり大満足の仕上がりだ。干していたテントやウェアも乾いているだろう。気温こそは低いが、日差しはいつも通りに強烈なのだ。キッチンで出発準備を完了させ、二人にお別れの挨拶をしてレセプションでチェックアウトした。受付脇の水槽に飼われている小さなカワイイ蛇にも挨拶したが、この寒さなのでまだ元気がない。

自転車へ跨り幹線道路に戻ると既に時刻は１０時前で出発時刻としてはかなり遅くなってしまった。それでも充実した朝だったと思う。さて、今日も見知らぬ大地へ漕ぎ出そう。空はやっぱり雲一つないオーストラリアらしい青空だ。

犬に噛まれた日

2019年6月26日

ロードハウスでの朝食。

朝を迎えたダンマーラロードハウス（Dummarra Roadhouse）はオーアストラリア大陸中央を縦断する幹線道路「スチュアート・ハイウェイ（Stuart Highway）」沿いにあるロードハウスだ。

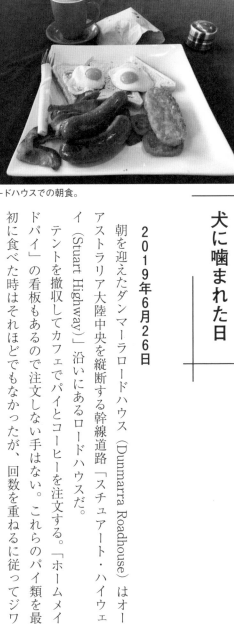

テントを撤収してカフェでパイとコーヒーを注文する。「ホームメイドパイ」の看板もあるので注文しない手はない。これらのパイ類を最初に食べた時はそれほどでもなかったが、回数を重ねるに従ってジワジワと病みつきになるのだ。パイ生地の中身はビーフである場合が多いが、チキンや豆類もたまに見かける。日本ではスイーツ系のパイ以外あまり見かけないが、オーストラリアのベーカリーなどでは必ずと言っていいほど食事系のパイが置いてあるのだ。パイ一つでは足りないので、トーストとベーコンのいつものブレックファーストも注文してある。

朝食も済み、自転車で漕ぎ出そうとした時、前方のハイウェイへ向かおうとする車のタイヤ付近に犬が一匹纏わりついていたのが見えた。タイヤに巻き込まれそうで危なっかしい。ペットの犬を乗せ忘れたのだろうか。犬は諦めて車を見送っている。そして筆者の方へ寄って来た。近くでみると毛並みはボロボロでペットではない気がする。ロードハウスで飼っているとも考えられるが、恐らく餌付けする人間目当てでロードハウスに住み着く半野生と言ったところだろう。

ペダルを回して進もうとしたが、この犬なんと前輪の前に出てきて進路を阻むではないか。轢かれることも厭わない鉄壁のディフェンスを見せつけてくる。更に、こともあろうか噛みついてきやがった。狙われたのはペダルに乗せている足だ。一見出血はないようだが。履いていたレギンスに穴が開いてしまった。犬に苦戦してると、前方から車がロードハウスへと入ってきた。ドライバーにアイコンタクトを送り停車してもらって相談すると、

「ここは俺に任せて早く行け！」とドライバーは男気を見せてくれた。

「すまない。ありがとう。」名も知らないドライバーに返事をしながら、足に力を込めてロードハウスを離れる。後ろを振り返ると、犬は頭を撫でられていた。

相変わらず向い風が吹いていて厳しい走行だ。走行記録アプリのメモ欄には風への文句ばかりが並んでいる。少し進むと、道路の右手に謎のモニュメントが出現した。文字盤を読んでいた人がいたので話しかけると、どうやら電波中継地点の基地局だったようだ。そういえば、エアーズロックで有名な観光都市アリススプリングスも初めはアンテナ中継地だったと聞く。砂漠地帯を走っていると、アンテナ基地局をよく見るこ

この犬に噛まれた。

とができる。大抵は太陽光発電のソーラーパネルが電源として併設されている。

この日、走行時に考えていたことは電波だけではない。犬に噛まれてから不安になっていたことがあった。それは狂犬病である。筆者は狂犬病予防接種を受けていなかったからだ。オーストラリアは日本と同じで狂犬病洗浄国だが、野犬（ディンゴ）は存在するし、他の哺乳類も多く生息している。つまり狂犬病ウィルスが全く無いということでは無い。噛み付いてきたあの犬は野生なのか微妙なところなので不安である。ペットであれば定期的にワクチンを打っているはずなので大丈夫だろうが。

猶予は確か四～七日だったような。（実際の潜伏期間は一～三ヶ月間で長くて一年なので、この本が出版される前に死ぬかもしれない。）

まさか予防接種しておけば良かったと思う日がくるなんて。次の街までの距離は100キロだ。道路脇の病院マークの看板を気にしながらペダルを回す。発症と関係あるかは分からないが、自転車に乗って運動しているから血の巡りは早いだろう。それにしてもハエの数がまた増えてきた。再び乾燥地帯が近付いてきたのだ。

そんな感じでエリオット（Elliott）の街に到達した。エリオットは学校もあるのでそこそこの規模の街だ。真っ先にコーラを飲みたいのだが、まずは病院に行かなくてはならない。病院がある街だったのは偶然なのでラッキーだ。自動ドアから院内へ入ると、目に付く掲示板には「蛇、サソリ、蜘蛛、犬などに噛まれたら病院へ」的なポスターがある。

スタッフと話をして、今朝に犬に噛まれたことを伝えて、（その後100キロほどを自転車に乗ってきたとは言えない。）そのまま足を見てもらったが、出血の跡がなければ大丈夫だと言われた。

（本当に大丈夫だろうか。）

発見し難いレベルの極小の出血跡があったりしないだろうか。そこまで言ってくれるなら信用するしかないが、

「死んだらあなたの責任だよ。」と心で念じた。

とりあえず潜伏期間を七日と見積もって、それまでに風邪みたいな症状が出たら・・って出たらほぼ終わりなのか。

医療スタッフの言葉に命を預けて、いつも通りに寝床を探した。モーテルを探していたが見当たらない。ダーウィンからテント泊が五日続いているので、そろそろ部屋に泊まりたい気分だ。

キャラバンパークを経営しているガゾリンスタンドへ向かい、宿泊ルームがあるか聞いてみたがないと言われた。正確にはあるのだが、トラックドライバーのみへの提供で、更に満室らしい（おそらく部屋を掃除してないだけ）。仕方ないのでまたもやテント泊でチェックインした。明日はどれだけ値段が高くても部屋に泊まろうと決意を固める。

キャンプグラウンドは芝ではなく赤砂タイプで、あまり好きではない。砂が舞うので大変なのだ。パーク面積は広いが木がないのでテントサイルの設営は難しい。隅の方に木がまとまっているスペースがあったのでその辺りに設営しよう。

店舗に戻って食事を求めたが、キッチンはクローズしているのでホットフードは手に入らなかった。手作り感満載なサンドウィッチとホットドッグが売れ残っていたのでレンジで温めてもらって購入した。外のベンチに座って食べてしまおう。持っているビニール袋に反応したのか、持ち前の嗅覚で嗅ぎ付けたのか、店

で飼われている犬が二匹寄ってきた。筆者が座っているベンチの隣で行儀良くエサを待っている。凄く近い。食事に集中できないレベルで凝視されている。

一台の車が給油にやってきた時、一匹はその車の方へ切り替えて飛んでいった。最後の一口となったケチャップ付きパンを残った一匹に差し出した。犬の粘り勝ちだ。

風がある夜なので洗濯物は乾いてくれるだろう。朝から犬ばかりの日だった。

ベンチに集う旅行者達

2019年7月1日

犬に噛まれてから五日、まだ風邪の様な症状はない。スチュアート・ハイウェイから東に進路変更してバークリー・ハイウェイ（Barkly highway）に突入した。ここからはブリスベン（Brisbane）を目指してひたすらに東南東に向かって進むのだ。昨夜からバークリーホームステッド（Barkly homestead）というロードハウスのキャラバンパークでテント泊していた。

朝の暗い時間帯だったが、周りで動く人達の気配で目が覚めた。昨日の昼過ぎにオーストラリア軍のアーミー達がテントサイトにやってきて、それぞれが支給されているテントで寝ていたので、きっと彼らが出発準備をしているのだろう。トンネル型テントとでも言うのだろうか。ソロ用の寝転がるスペースしか無いテントだ。実際、テントは寝るスペースがあればいいから、日本でも流行りそうではある。

外の状況が想像できて安心したのか、もう一眠りしてしまった。どうせ朝は寒く、自転車で漕ぎ出せる気温になるまで時間が必要になるのだから、まだ寝ていてもいいだろう。二度寝から起きてテントの外に出ると、アーミー達は忽然と姿を消していた。いつも通りにシャワーで体温を上げ、出発準備を完了させてショップの方へと向かった。

このロードハウスはかなり豪華で、内装もオシャレで綺麗なのだ。昨夜はバーでライブショーをやっていた。小汚いロードハウスも経験していただけに感動した。朝食のメニューも豊富で迷ってしまったが、アボカドとベーコンのブレックファーストというものにしてみた。出てきたプレートはなんともオシャレな雰囲気だ。二切れのバケットにアボカドとベーコンが乗っている。綺麗に盛られているし、味も美味しいのだが、これだけでは確実にエネルギー不足なので、チョコレートタルトを追加で食べることにした。小綺麗なメニューより、いつもの無骨なブレックファーストの方が自転車乗りには都合がいいということがわかった。

水はキャンプサイトのキッチンで汲み、行動食を購入して出発だ。次の街（補給地）までは約２６０キロあるので難関区間だ。今日も道路脇のレストエリアでテント泊になるだろう。半分の１３０キロは進んでおきたいが今日も南東風が行く手を阻む。

「何千キロ向い風で走っているのだろうか。」というのは走行記録アプリに残されていた言葉である。この日のメモ欄にはこの言葉だけが残っていた。それでも平均で時速１７キロと昨日より格段にマシだ。

行動食の砂糖菓子（くらいしか手に入らない）を食べて、水を飲みながら風に挑み距離を稼ぐ。時刻は正午、左手に大きなレストエリアが出てきた。

ベンチで横になって日陰で休んでいると、一台の車がやってきて、中年の男女四人組が降りてきた。その中の一人が面倒な感じで話しかけてくる。休みたいので構わないでほしい。適当に合わせていたが、一つ気になる事を言ってきた。

「次のレストエリアはあまり良くないぞ。」一人の男がそう言ったのだ。

次のレストエリアまでは時間にしてあと四時間ほどかかる。そこを寝床にしようと思っていたのに余計な事を言いやがって。しかし、ここに滞在すると補給地まで一日多く必要になってしまう。三日分の食料や水は持っていない。（そもそも持てない。）行くしかない。オーストラリア自転車旅に選択肢なぞ多くは無いのである。本当に嫌な奴は嫌なことを言う。

出発前にロードハウスで買ったマフィンを食べる。暖かさでマフィンがベトベトになっているが、午前中はこのマフィンを食べたいというモチベーションだけで走っていたようなものだ。ビニールまでしっかり舐めて糖を吸収する。

良くないレストエリアというのは一体どんなレストエリアだろうか。疑問に思いながらもプランの変更はありえないので、夕方までかけて１２５キロを走り、目的のレストエリアへと到着した。体の疲労よりも気になっていたので確認した結果、彼の言っていたことは正しかった。

そのレストエリアにあったのは、たった一つの四人掛けのベンチだけで、他にはトイレも何も無い。当然人々はそのベンチを囲むようにこのレストエリアを利用することになる。隣には二台の車が停まっている。自転車乗りこそベンチを利用したいし、その付近にテントも張りたいので、そのベンチに向かった。

小さな荷台を牽引している車からは、おじさんと一匹のチワワが、もう一方のキャンピングカーでは恰幅の良い女性二人が旅行をしているようだ。そこに自転車でやってきた筆者を含めた四人と一匹のベンチを囲んだ奇妙な一夜がスタートした。

見渡した感じ、テントサイルが設営できる木や支柱はないので、床にテントサイルを敷くことにした。ペグも打たずにテントにポールを指すだけなので、設営時間が大幅に短縮される。もちろん可能であれば毎回木に張りたいのだが、床敷のメリットは時間に余裕ができることだろう。更にレストエリアでのキャンプはシャワーもないので体をベビー用のウェットティッシュで拭くだけである。慣れるとこれはこれで楽なのだ。ベンチの四分の一を使って食事の準備に取り掛かっていると、おじさんがビールを持ってきてくれた。ありがとう！紫色の見慣れないビール缶だった。次の州であるクイーンズランド州（QLD）の銘柄なのだろうか。最近の夕方は少し冷えてきたが、まだまだ冷たいビール（というより炭酸）は走った後の喉に爽快感を与えてくれる。

隣でジャガイモを洗い始めた女性二人の話を聞くと、QLDのマッカイ（Mackay）という街から来たらしい。残念ながら、内陸からブリスベン（Brisbane）を目指す筆者にマッカイを訪れる予定はない。彼女らはこのままアリススプリングスへ行き、ウルル（エアーズロック）を観光するようだ。

ビールで陽気になってきたおじさんは、自分の車から流れている音楽のボリュームを上げ、追加のビールを持ってきた。二本目も普通に頂くと、女性達がビールホルダーを準備してくれたので、冷たさをキープしながらチビチビ飲むことにした。

女性の一人がベンチ隣の焚火スペースで火を起こすと、おじさんが手慣れた手つきでそれをアシストした。犬を連れて一人でロードトリップする人間はそういうことが得意だと相場が決まっている。こういう場所の焚火で燃やすものはその辺の木や枝を利用する。焚火スペースには使わなかった枝などが置いてあったりもする。自前のアルコールストーブで炊飯しようとしたら、

「こっちの火を使え。燃料も節約できる。」とおじさんが言った。

火加減が変わるとうまく炊飯できないかもしれないので悩んだが、薪の火を使うことにした。芋洗いが終わった彼女らはそれをアルミホイルに包み焚火へ投げ込んだ。

女性らがキャンピングカーのボンネットを開けて少し騒いでいる。おじさんの対応を見ると、車のバッテリーがあがってしまったようだ。筆者も車を見に行くと、近くに繋がれていたチワワが足元に寄ってきた。靴を見たかと思うとお尻を振って前足で足に寄り掛かり、これでもかというぐらい可愛い顔で見上げてきた。一瞬やられそうになったが、「こいつ、自分が可愛いことを知ってるな。」と気がつき、素っ気ない対応で返すことができた。危うくチワワの術中にハマるところだった。

犬に大人気ない態度を取っている中、炊飯が進まないのを見ておじさんがカセットコンロを持ってきてくれた。薪は火力のコントロールが難しくて炊飯利用は難しい。やはり最初からストーブ類を使っておくべきだった。ガスコンロは便利なので利用させてもらおう。それにしてもカセットコンロが大きくゴツいのだ。日本のイワタニのカセットコンロはもっとコンパクトでスマートである。更に、こちらのは自動点火装置がないのでライターなどの火種が必要になる。この点を考えてもカセットコンロは日本の圧勝だろう。

ガスコンロの火を止めて蒸らしに移った頃には既に辺りは暗くなっていた。四人ともベンチに座っている。ジャガイモができ上がったようで、筆者も二つ頂いた。食卓には筆者の塩と女性らのバターが置かれて夜の準備が整った。強過ぎるLEDの光が不器用にあたりを照らしている。

夜の晩餐会。

バターを貰おうとすると、

「大量に取って塗りなさい。」と女性らが言ってくれた。

バターにはタンパク質もあるし、サイクリストには普段摂取できない貴重な乳製品でもある。遠慮なくいかせてもらうか。ひと口サイズはあろうかというバターをナイフですくい、十字に切ったジャガイモの中央へ乗せる。ホクホクなジャガイモの熱でバターは溶解し、ジャガイモの香りと混ざり合って食欲を刺激する。その時だった、

「バターが少ない！」

と隣の女性に注意された。

（なんだと。聞き間違いか？このバターの量を見てみろ。）

それと同時に、おじさんがバターに手を伸ばした。

「彼のをよーく見ておきなさい。」と女性は言う。

虚を突かれて思考が止まり、困惑した表情でおじさんの手元を注視する。彼がナイフで切り取ったバターはまるで海に浮かぶ氷塊だ。バターのそれからはタイタニックを沈めるくらいの威圧感がある。実際の大きさで言うと、饅頭より一回り大きく、コンビニの肉饅より一回り小さいくら

い。

なんてことだ。これほどまでにバターを食べるのか。どちらかというと、これではジャガイモを付けたバターではないか。彼らにとってバターとは一体何なのだ。

バター感に敗北を喫したとはいえ、芯まで熱く火が通ったジャガイモは美味かった。炊飯も完了したので、いつもの様にオイルサーディンの缶詰を開け、そのオイルとパセリを炊きたての米にまぶして塩で味付けをする。いつもの味ながらも安定の美味しさだ。それにしても、周りのメンバーは大きなジャガイモ二つを既に食べ終えていた。こちらはまだ二個目の前半である。食べるのが遅い方ではないのだが。

片付けたら直ぐに寝るのがロードトリップだ。全員が寝る準備をしている。床敷きのテントサイルは中の空間がとても狭く、蚊帳やシートを体に掛けているだけみたいな感じになる。狭い空間でスリーピングマットを膨らませ、寝袋を広げて寝た。

なんてことない出会いで今後会うこともないだろうが、一つのベンチが引き寄せた四人と一匹の夜が終わった。こんなのも自転車旅の醍醐味だろう。

第五章クイーンズランド州

鉱山の街

2019年7月3日

クイーンズランド（QLD）に突入して最初に訪れたのは、カムウィール（Camooweal）という小さな街だった。

昨夜はこの街の入口にあるキャラバンパークの部屋に泊まっていた。ベッドで目覚めたのは久しぶりた。冷蔵庫、テレビだけの小さな部屋にシングルベッドが二つあるので更に狭く感じる。それでもテント泊をしている身からすればとても快適だし、何より荷物の管理が楽なのだ。この部屋は60ドルで一泊することができる。物価の高いオーストラリアにおいては結構リーズナブルだ。若者が来ないような地方ではこれ以上安い部屋はないだろう。

朝一で考えたのは、もう一泊するかどうかである。そろそろ休養日を入れようかと考えていたのだ。なぜならダーウィンを出発してから昨日で十二日間連続で走行している。連日七～八時間で短い日でも五時間は走っているのだ。

悩んだが出発することにした。なぜなら大手スーパーチェーンのColseやWoolsなどがこの街には無いからだ。毎晩ハンバーガーなので休養日にするなら普段食べれない物を食べたい。

更に、次の街であるマウント・アイザ（Mount Isa）はグーグルマップで見る限り大きい街で、それらのスーパーやマクドナルドなどもある。携帯の電波も入りそうだ。経験からだが、Lebara（ボーダフォンのMVNO）はマクドナルドがある規模の街であればサービス圏なのだ。この「マクドナルドと携帯電波の法則」はかなり正しいと思う。チェーン店の出店においては利益になる水準の人口というものが目安としてあるはずだ。その目安がマクドナルドとボーダフォンでは近いのではないかと考察している。

ということで、荷物をまとめてショップへ行きブレックファーストを注文した。今回のブレックファーストは牛ステーキがセットになっている。実はトッピングでステーキがあるのはそれほど珍しくは無い。朝はベーコンやソーセージがいいからと敬遠していたが、今回は思い切って注文してみた。不味いわけではないんだけど、やっぱり朝はソーセージの方がいいように思う。多分そういう体になってしまっただけなのだろうが。

レジで鍵を返却し、チェックアウトしてカムウィールを出発した。ガソリンスタンドのWi-Fiを使ってマウント・アイザまでの距離を確認すると170キロあるらしい。オーストラリア南部を走っていた時は150キロ以上走る日はよくあったが、向い風の日々になってからそこまで走れる日は数える程度しかなかった。170キロとなるとかなりの距離で久しぶりに気合いを入れなければならない。

少し漕ぎ出すと、あっという間にいつもの光景が広がった。天気はとても良く日差しはあるが、冷んやりとした空気でとても走りやすい。やっぱり向い風だが。

一つ目の山を登りきったところで結構大きなレストエリアが見えてきた。時刻も正午だったので休憩には丁度いい。ベンチに向かうと先客の御家族がランチを取っていた。祖父母、息子夫婦、孫と三世代でのピクニックといった雰囲気で、ベンチにテーブルクロスを広げてサンドウィッチを食べている。少し離れたところに自転車を停め、バッグから食料を出そうとした時にランチにお呼ばれした。タイミング的に、また彼らがベンチを占有してしまっていたので誘われそうな雰囲気だっただけに、半分申し訳ない気持ちもする。

しかし、もらえるものはもらっておこう精神なので遠慮なくチキンサンド、フレッシュな野菜とフルーツを頂いた。更にレモンと氷をボトルに入れてもらった。旅人には優しいのがオーストラリアのいいところだ。彼らを見送り、一人になったベンチで横になり涼しい風にあたった。

休憩を切り上げてレストエリアからの出発準備をしていると遠くから声を掛けられた。声の主はツアーバスでガイドをしている女性だった。確かに奥にはそれらしきバスもある。言われるがままついていくと、そのツアー客もランチタイムでサンドウィッチを作って食べている。そして食材が余りそうだから一緒に食べようと誘われてしまった。もらえるものはもらっておこう精神なので、ここでもランチを頂いた。

坂を下っていると、反対側から自転車で登って来る二人組を発見した。二人に今朝カムウィールを出立して、今日中にマウント・アイザまで行く予定だと伝えると驚いていた。そして追い風の貴様らはもっと頑張らなければいけないのだと雰囲気でプレッシャーをかける。優しいオージー達とは異なり、筆者の心はWAからの向い風で完全にダークになっているのだ。こっちは4月から向い風なのだ。それでも優しい彼らはマウント・アイザはかなり大きい街でグッドだという情報を教えてくれた。

右手にレストエリアが見えてきた。時刻は１７時で夕焼け空だ。ベンチに座って昼間にもらったキャンディーを食べながら、アイザは諦めてここに泊まろうかと一瞬考える。アイザまでの所要時間はまだ二時間以上かかるだろう。しかし、この場所で寝たら明日はほとんど走る距離がない。ここは無理をしてでも行くべきだ。そうと決まれば、ゆっくり休憩している暇はない。進まなければいけない。すぐにハイウェイに戻って自転車に乗り重くなった足でペダルを踏み込んだ。

また夜間走行になってしまった。そう思いながら自転車のライトを点灯させる。暗闇にうっすらと映る地形と残りの距離を考えると、アイザまでは下りメインの道になりそうだ。不思議なのは硫黄らしき匂いが断続的に漂ってくる。こうなると温泉でも近くにあるのかと考えてしまうのが如何にも日本人だが、そんなことがあるだろうか。

慣れてくると暗闇の走行で怖いのはトラックよりも動物かもしれない。飛び出してくる動物に当たったら怪我は避けられないだろう。オーストラリアでは道に放置されている車をたまに見かけるが、そのほとんどが動物と接触して破損したものらしい。車の破損を防ぐためにカンガルーガードが装備されている車が多いと言うのは有名な話だろう。カンガルーならまだマシで、野生の牛なんかと接触したら間違いなく車が吹き飛ぶのだ。既に没命されているカンガルーさんの亡骸を轢いてしまってもショックで二日くらいは自転車に乗れなそうだ。

遠くに灯りが見えてきたと思ったら、携帯が堰を切ったダムのように鳴りはじめた。予想通りにアイザでは携帯が繋がるようだ。遠くの光の正体は街ではなく、産業施設だった。グーグルマップの表記にはマイニングとあるから鉱山関連だろう。オーストラリアは鉱物輸出大国で、特に内陸は鉱山が多いのだ。これまでも「Mine site.」という看板は道路脇に沢山見てきた。

鉱物が有名な街はいくつか訪れてきた。銀が有名だったブロークンヒル（Broken Hill）、金が有名だったクールガーディ（Coolgardie）、鉄が有名なポートヘッドランド（Port Hedland）などだ。そしてオーストラリアの鉱山都市はこの国の産業戦略の核と言ってもいい。なので内陸の砂漠エリアに関わらず、とても発展しているのだ。更にマウント・アイザは現在でも採掘が盛んな様なので、ブロークンヒルやクールガーディより活気がある。

高い煙突が闇に紛れて煙を吐いている。硫黄臭は風下（向い風だからね）に位置していたのでその排気ガスが流れてきたのだろう。街は鉱山に対して風上にあるのは街を煙から守るための設計だと思う。

街に入った頃は20時を過ぎていた。正味の走行時間は9時間オーバーで活動時間は十二時間を超えている。今夜はモーテルに直行しよう。かなり疲れているし、何より急がないとレセプションが閉まってしまう。大きな街なのでモーテルは多数あった。しかし値段を比較する時間的余裕もない。こういう場合は立地で選択すれば良い。つまり「スーパーが近いこと」だ。

モーテルのレセプションでは女性オーナーが対応してくれた。かなり化粧は濃いめだが、優しく対応してくれた。値段は一泊で130ドルと相応なお値段だ。一階は埋まっていたので、二階の部屋を案内された。自転車を上げるのが面倒なのでバッグだけ部屋に持ち込み、自転車は柱に鍵で縛りつけた。部屋はかなり上等だった。

シャワーを浴びたりしているとかなり遅い時間になってしまった。スーパーへは行かずに、モーテル前のケバブショップでテイクアウトして部屋でコーラを飲みながら夕食にした。久しぶりのインターネットを楽しんではいるが、寝る時間が遅いのと疲労感を考えると明日が憂鬱になる。電気を消して布団に入り、この街でもう一泊しようと思った時には一瞬で意識が飛び、深い睡眠に入った。

2019年7月4日

目が覚めても分厚い遮光カーテンのせいで室内は暗かった。外を覗くと既に日が昇っており、街が活動し始めていた。反射的に寝坊に少し焦ったが、この日は休養日にすると決めていたので再びベッドに寝転がった。

ダブルベッドから這い出てシャワーを浴びて考えるのは、宿を変えるかどうかだ。料金が高めなので、キャラバンパークに移り、テント泊でコスト削減するのも悪くないと思ったが、タオルで体を拭きながら部屋に散乱した荷物を見ると移動する気が失せてしまった。服を着てレセプションへ行き、延泊の手続きをした。そうなると今度は朝食を考えなくてはいけない。スーパーへ行ってローストチキン一匹、アボカド、トマト、冷蔵ピザを買ってきた。オーブンは無かったが電子レンジはあったのでピザを皿に乗せて温め、その間にアボカド、トマトを食べながらチキンを貪った。さすがに鶏一匹を一食では食べられないので半分を残す。そして電子レンジでふわふわに温まったピザをちぎりながら食べた。

部屋にあったインスタントコーヒーを飲んでベッドで横になりながらブログを書いたりユーチューブを堪能して時間を過ごす。その合間にグーグルマップで近所の状況を見ると、街を見晴らせる高台を近所に発見したので行ってみることにした。

昔の軽自動車では登れない程の急勾配な坂道を歩いて登り、その場所に到着して街を眺める。すると、昨夜の煙突がよく見える。スマホで調べると、この街で産出される代表的な鉱物は銀、銅、鉛そして亜鉛だ。予想だが亜鉛とは閃亜鉛鉱、つまり硫化亜鉛が取れるのだろう。昨夜嗅いだ硫黄の匂いは亜鉛精製工程の脱硫によって発生した硫黄だと思われる。街を眺めながら昨日の疑問もスッキリ解消したところで、インフォメーションセンターにでも行くことにしよう。

インフォメーションセンターも宿泊しているモーテルの近くにあった。特に用事はないのだが、何となく訪れてしまうのがインフォメーションセンターなのだ。RPGゲームの酒場みたいなものだろう。

お土産コーナーなどを見ていると、団体客の一人に話しかけられた。その人は昨日の昼間にレストエリアで出会ったバスツアー客の一人だった。筆者が予告通りにマウント・アイザまで辿り着いていた事に驚いていた。彼らは地面を指差しながら、マインサイトツアーに行くと言っている。

「ん？ 下？ ここ？」聞くと同時に彼らは頷いた。

どうやら、本当にこのインフォメーションセンターの地下に坑道があるようだ。坑道の上にインフォメーションセンターを設置したという方が正しいだろう。こういう観光までを見越した施設の設計って日本は下手だよなとオーストラリアに来て思ってしまった。

そしてレセプションでツアーの予約ができるらしい。価格は９０ドルだ。折角なので申し込んでみよう。一人の男性オージーに連れられて参加者は奥の部屋へいく。オレンジ色のツナギが渡されたのでそれに着替えて安全靴を履く。現在は閉業されているとは言え、坑内へ行くのでヘルメットもしっかりと被る。思ったより本格的で、映画アルマゲドンみたいな感じになって出発した。

ガイドに従って到着したのはエレベータの前だ。いよいよ坑道に降りるのだ。エレベータの外観は、映画などでよくある扉が網になっているあのタイプだ。オフィスビルのエレベータをイメージしてはいけない。「ガガガッ！」という大きな音を出しながら二往復くらいして全員を運び、地下へ到着した。ヘッドライトの使い方の説明を受けて、いよいよツアーが始まった。

エレベータの降り口にはまだ光が届いていたが、奥に進むと各々が照らすヘッドライトの明かりのみになった。足音や話し声がやたらと甲高く反響する。坑道の壁は側面も天井も鉄製のネットが大きなビスで打ち付けられている。落石や崩れを防止する大事な役割があるのだろう。ネットの所々が錆びて切れているのがリアルだ。後ろを振り返るとエレベータの光が見えなくなっていた。ヘッドライトの明かりも坑道の闇に飲み込まれていて、距離感が分からない。

それにしても、空気が悪く、方向感覚が狂って気分が悪い。早く地上に出たい。そう言えば富士山に登った時も下山時の方が体調が悪くなったことを思い出した。もしかすると筆者の体は気圧が高く変化する方向（高度を下げる）に弱いのかもしれない。

坑道に残っている機械をガイドが一部動かしながら説明してくれた。ネットを打ち付ける機械、ドリルで掘る機械、瓦礫を運搬する機械と色々なものがある。狭い坑道で利用できる機械の外観は独特だ。座席に乗り込んでアームを操作する機械はアニメ「機動戦士ガンダム」に登場する作業用ロボットそのものだ。

ガイドは慣れた手つきでエアーと電源を入れて、大きなダクトに風を送り始めた。全員に防音ヘッドフォンを配り、一人ずつ呼んでドリルを持たせると、駆動させて実際に岩壁に穴を開けさせてくれた。これは凄い。実機を使って鉱夫のような体験ができるとは。日本では危険だからと絶対にアウトだろう。

体験してみるとドリルの音が爆音だ。ドリルを構えて足に力を入れて押し込むと、確かに岩に穴を空けている感触がある。こんな感じで鉱夫は作業しているのだろうか。背中にはダクトからのエアーを受けるので涼しいが、比較的浅いこの坑道でも夏場の酷い時には40℃にもなるらしい。更に地表よりも湿度が高いので地獄だろう。とんでもない職場環境だ。

ドリル体験も終わり、坑道内を移動しているとライトを消すようにガイドに言われた。全員がライトを消すと、外光が届かない坑道内は何も見えない闇となった。周りには大勢の人がいるはずなのだが、その気配すら飲み込む圧倒的な暗さだ。暗い場所で声を発しなくなるのは人間の本能だろうか、おしゃべり好きな欧米人の声も闇に消えた。手の平を眼前に持って来ても全く見えない。目が感知できるレベルの光そのものが無い。自身の体すらそこにあるのか疑問に思う瞬間がある。地方のレストエリアやキャラバンパークの夜も天の川が綺麗に見えるほどかなり暗いが、それとは次元が違う暗さだった。ずっと居たら精神がおかしくなるだろう。

ライトを再点灯して先に進むと明かりが見えて来た。机や照明があり、休憩スペースになっている。配られたツナサンドとコーヒーを席に着いて食べながら質疑応答が盛んに行われてツアーは終了した。

休憩スペースまで迎えにきたランクルの荷台に乗っていると外の光が見えてきた。エレベータだけでなく、外部に繋がっている道もあるようだ。外の空気は気持ちいい。体調も一気に良くなった。オーストラリアの日差しは嫌われ者だが、日光の有り難さも感じたツアーとなった。

それにしても、真っ暗な坑道の中で欧米人たちと歩いているとゾンビに襲われそうな雰囲気しかない。一人ずつ消えたり、壁にゾンビ埋まってたり、機械の陰にゾンビうずくまってたり、この暗い坑道の先からゾンビの声が聞こえたり、ガイドが目の前で食べられたり、そんなことを妄想させられてしまう。簡単なツアーだと思っていたら三時間のロングツアーだった。

部屋に戻り、スマホをいじりながら、買ってきたパイントサイズのハーゲンダッツアイスをゆっくり食べる。ダラダラと休養するつもりが大掛かりな観光になってしまった。早めに寝て明日からまた走ろう。

クイーンズランドアウトバック

2019年7月9日

朝テント内で目を開けて、確認するのは浸水していないかどうかだった。昨日は雨が降ったのだ。ラッキーなことに浸水などは無いようだ。QLD内陸にあるウィントン（Winton）という街にあるキャラバンパークに宿泊した。昨夜、雨の中自転車を漕ぎ、夜中に辿り着いた街だ。そこそこの規模の街で、この地方は宝石のオパールが特産品として有名らしい。

QLDに入ってから雨の日が多い。はじめのうちはオーストラリアでも雨が降るのかと珍しがっていたが、連日の悪天候から考えるに、太平洋からの湿った空気が東風に乗ってオーストラリア大陸にぶつかり、QLDとNSWの東海岸から雨を降らせて内陸に侵入して行くのだろう。雨を使い切り、乾燥状態となった空気はそのまま大陸中心部、北西部へと抜けてあの乾燥地帯を形成しているのだと予想する。

次の街であるロングリーチ（Longreach）までは１８０キロある。何度でも言うが、向い風の条件下で一日で走るには辛い距離なのだ。昨日も150キロ走って到着は夜だったのでどう見積もって厳しい。走破には二日を要する。この街のモーテルでもう一泊宿泊してアイテム類を乾かし、万全な状態で出発するのも悪いアイデアではない。しかし、今日滞在したら昨日の凄まじいライドが無駄になる気がする。迷ったが結局出発を選んだ。そうと決まれば、問題は食料だけだ。テントも乾いてきたので、畳んで自転車の荷台に搭載してパークを出発した。食料を買いにショップへ向かう。その店は日本で言うところの田舎のコンビニという感じでなんでも揃う。水、缶詰、ビスケットといつもの食料を購入した。カレー味のビーフパイとソーセージロールは朝食用に購入して、外の椅子で食べてウィントンを出発した。

ただの草原にしか見えない街はずれの空港を横目に、何も無い道をひたすらに進む。この日も曇りで、空気は湿っぽく、今にも雨が降りそうだが、なんとか持ち堪えてもらいたい。

一日では厳しいが、二日となると180キロはイージーだ。一日目は60キロ以上走れれば合格点だろう。地図によると30キロ間隔でレストエリアがあるので、あとはレストエリアの状態で泊まるかどうかを判断する。

ウィントンから66キロの場所にあるレストエリアでキャンプをすることに決めた。短い走行距離で頻繁に休憩を入れながらだったので、そこまで疲れていない。これまた殺風景な場所だが、ベンチの支柱を使ってテントサイルが設営できる。着替えなどの作業も15時前には終了したので翌朝までリラックスタイムとなった。

食事は米が続いていたので今夜はパスタにしよう。茹でたパスタにトマトペーストを溶かし、オイルサーディンを加える。最後は塩とパセリで味を整えて食べる。超簡単な料理で質素だが、安くて飽きない味付けなのだ。

このレストエリアで気になっていたのが牛だ。隣が牧場になっていてたくさん集まってきた。近付くと驚いて逃げる個体もいる。それにしても牧場の果てが見えない。

ハエがいるにもかかわらず、日中に食事を済ませたのは夜になると「カメムシ」が飛来するからだ。ハエの方がマシである。

荷物と自転車は風向きを考えて雨が降っても大丈夫なようになるべく風下に配置した。ベンチを独占してしまってはいるが、日も暮れてきたのでこれから利用者が来ることはないだろう。この場所なら車でウィントンまで休憩せずに行ってしまうはずだ。

暗くなる前にテントに入り、寝るまでダラダラして過ごそう。ダウンロードした動画を見たりゲームをする。今度は三国志のシミュレーションゲームをプレイしている。テントの中で寝返りを打ちながら収まりの良い位置を探す。ハンモックのようなテントなのでポジションが決まると快適に過ごすことができるのだ。

宙に浮くテントで寝転がってチョコレートを食べながらのゲームは最強だ。しかもテント内は虫からも解放されるので顔に被るバグネットも必要ない。更にインターネットの使えないオフラインという環境はゲームをするのに持ってこいだ。子供の時のようにゲームに集中した。真にリラックスできたような気がする。

寝る前にテントから出てトイレに行く。連日当たり前に見えていた月は雲に覆われて見えないが、放射冷却を防いでくれるので気温は落ちないだろう。湿度は高めなのでベンチレーション（アウトドアでは湿気を出すこと）を考える。フライシートを少しめくって就寝した。外からは牛の鳴き声が時々聞こえる。

オイルサーディントマトパスタ。

2019年7月10日

翌朝に目覚めて出発準備をしていると、雨が降ってきた。オーストラリアでは珍しく日本の小雨くらいは降っている。それにしても連日の悪天候だ。無限に続くと思っていた青空がこれから見れないのではないかと不安になってしまう。雨が止むまで待とうかとも思ったが、時間が勿体無いので進むことにした。朝から雨というのは、日本では当たり前のことだったがオーストラリアを走っているとすっかり忘れてしまった。つい弱気になってしまう。意を決してハイウェイに戻り漕ぎ出すと、雨と向い風が容赦なく体を襲ってきた。

二時間半ほどで別のレストエリアに到着した。雨も上がったのと、休憩を取ろうと思っていたタイミングだったので休みには丁度いい。ちなみに、体が濡れていると走り続けて体温を保持しないと冷えて大変なことになってしまう。その場合は休憩どころでは無いので、雨が止み服が乾いて本当に良かった。靴を脱ぎベンチに横になって、足を伸ばしながらビスケットを食べていると、

レストエリアでのキャンプ風景。

暖かい飲み物が体に染みる。

「紅茶かコーヒーはいかが？」と女性オージーに話しかけられた。

「紅茶をお願いします。ミルクと砂糖は二つで。」と慣れた口調で返事をすると、ベンチで待ってる様に言われた。しばらくすると、その女性がビスケットと紅茶を持ってきてくれた。曇り空と薄汚れたテーブルに、可愛らしいカップとお菓子がなんとも対比的だが、これも間違いなくリアルなアウトバックの風景なのだ。更に嬉しいことに大量のナッツとドライフルーツまで頂いた。特大のジップロック一杯に頂いたので当面行動食に困ることはなさそうだ。足の調子もいいので紅茶のお礼を言って早々に旅立つ。雨が止んだからか、短時間ではあったが忌々しい風も消えた。

街の手前20キロくらいは大掛かりな工事をしていて道がルーズ（本当にLooseと表現される）だった。オーストラリアの工事区間は長く、数キロ単位で工事している。対向車は全ての車両が通過しないと出発できないので、自転車待ちの状況によくなってしまう。

工事区間を過ぎた頃、ついにロングリーチ（Longreach）の街が姿を表した。結構大きな街で活気がある。内陸部のこんな雰囲気の街はとても好みだ。それでも携帯電波は入らないので、この街にはマクドナルドもないのだろう。

この三日間は雨に打たれながら330キロ走ったことになる。今夜は絶対に部屋に泊まりたい。街中でモーテルを探すが、満室で見つからない。ウィントンの街でもそうだったが、カーニバルやイベントでもあるのだろうか。なぜこんな地方で宿が見つからないのだろう。どんどん中心地から離れ、街外れにキャラバンパークが出てきた。そこで部屋が空いているかを確認してみると一泊60ドルと安い部屋を案内された。鍵を受け取って部屋へ向かうが、キャラバンパークが広大だ。地図を見ながら部屋を探す。

オートキャンプの区画を抜けると三～四部屋が連なった小さな宿泊棟がポツンとあった。大きなキャビンやモーテルみたいな豪勢な部屋ではないが十分魅力的だ。トイレシャワールームが改装されたばかりのようで特に綺麗だった。

部屋が広く荷物の多い自転車ツーリストには使いやすい。いつも通りにまずはシャワーなので、タオルを持ってバスルームへ向かった。外のテラスには隣部屋のオージーが座っていたので、片手をあげて笑顔で挨拶した。

のんびりシャワーを浴びていると、ガチャガチャとドアノブをいじる音がする。

（誰だよ。使ってるよ。）

一向に音が止まないので、腰にバスタオルを巻き、イライラしながら鍵を開けると外にはガタイのいいおっさんが仁王立ちしていた。包丁を片手に。

なんでも、ドアが内側からロックされてしまったと勘違いし、外から開けようとしていたのだ。近くがキッチンなのでそこにあった包丁を使って開けようとしていたらしい。意外に恐怖感がなかったのは殺気がなかったからなのか、それともパニック過ぎて恐怖まで到達できなかったのか。いずれにせよ構えることもできなかったし間合いに入っていたし、プロ格闘家だけど突然の有事には無力なのかもしれない。

シャワーの後はIGA（地方スーパーマーケットの雄）で冷凍ピザとローストチキンを購入した。マウント・アイザのモーテルで過ごした時と同じメニューだ、手間隙コストを考えると、このメニューがベストかもしれない。部屋は大きな机がないのでベッド脇の化粧台に食料を置いて晩餐を開始した。安いからもう一泊してもいいが、次の街であるバーカルダイン（Barcaldine）までは１００キロしかなく、走行はイージーなので翌朝の天候次第で決めよう。

ベッドに横になり、明日の段取りを漠然と考える。手持ちの食料と今日の残り物で朝食は賄える。それから朝スーパーへ行って物品を購入しよう。考えがまとまった頃には眠気が体を襲う。天井で回っているファンがカタカタと音を出しながら揺れている。重い体を起こして、ライトとファンを止めて就寝した。

２０１９年７月１１日

翌朝、雨だったら延泊と決めていたので外に出て確認しよう。扉を開けた途端、鮮烈な青空が視界に入ってきた。なんと最近には珍しく晴れだったのだ。青空を見たのは何日ぶりだろうか。昨日までの湿気が何処かへ飛んでいってしまったようだ。正直、曇りくらいなら休もうと思っていたので惜しい気持ちが芽生えてきた。チェックアウトして街を離れると空港が出てきた。滑走路にはカンタス航空の飛行機が停泊している。カンガルーマークがシンボルのオーストラリアの航空会社である。

自転車も速度にのってきた頃、何もない場所なのに車が渋滞してきた。こんな田舎町で渋滞なんて事故だろうか。原因は牛と馬の家畜達だった。馬に乗ったカウボーイが牛の群れを先導している。まさに本物のカウボーイだ。そして当たり前だがカウボーイハットを被っている。家畜達が道路を横断するようだ。こんな光景に巡り合うとは、さすがファーム大国のオーストラリアだ。

夕暮れ前、まだ日があるうちにバーカルダイン（Barcaldine）に到着できた。キャラバンパークでシャワーを浴びて明るいうちに街へ出ることにした。明るいが既に17時頃なので、人はまばらで公園なども閉まっている。駅の前には何やら巨大な木造のモニュメントがある。聞いた話によると風が吹くとそのモニュメントは音を奏でるらしい。

街の散策も終わり、1キロの冷凍マンゴー、ヨーグルト、それと牛串を買った。こちらではケバブと一括りにされているが、日本でいうところの野菜も刺さっているバーベキューセットのようなものだ。キャラバンパークに戻り、調理に取り掛かる。巨大なバーベキューコンロを点火して、鉄板の上にアルミホイルを敷いてその上でケバブを焼く。焼き上がるまで冷凍マンゴーをぶち込んだヨーグルトを食べながらケトルで沸かしたお湯をひたすら飲んでいた。

焼きあがったケバブをキッチンコーナーで食べていると、旅行者のおじさんに話しかけられた。そしてここでバーカルダインの壮絶な過去を聞いてしまう。

「この土地は五年間、一滴も雨が降らなかったことがある。」そして、「All died.（全てが死んだ。）」とおじさんはシンプルに言った。質問の余地も無く、呆然としてしまった。日本人である筆者には五年間も降雨無しという環境は想像ができない。それでも何かの植物や虫くらいは・・・いや・・・五年か。頭の中ではそれを否定するために、必死で生き残りそうな生物を考えていた。咄嗟に受け入れることができなかったのだろう。あの駅前のモニュメントはその悲劇もモチーフにされたものだとも言っていた。

それでも現在は街ができ、鉄道が通り、スプリンクラーが芝生に水を撒いている。吹いているのは死の風ではなく、命を繋ぐ爽やかな風だ。たくましく生きている動植物も、死の世界もまた「This is Australia.」なのだろう。彼らはこの大陸で生きることを選び、筆者は走ることを選んだのだ。オーストラリア大陸という場所を改めて考えさせられてしまった。

また、自転車でシドニーから旅をしていて、時計回りにオーストラリアを一周していると言うと、旅慣れたオージーも驚いていた。なんでもモーターバイクで旅をしていると思っていたらしい。人力なのだよ。「彼女と旅行するときは、反時計回りにラウンドしないとダメだぞ。旅費が高くつく。」とグッドなアドバイスをくれたが、筆者にとってはアドバイスというより確証を得たに近い。車でも自転車でもオーストラリアは時計回りに一周してはいけないのだ。向い風の影響でガソリン代が跳ね上がるらしい。自転車旅の場合、その風問題は金よりも深刻なのだが。

チキンレース

2019年7月13日

最近はロードハウスも無く100キロくらいの間隔で街がある。これからブリスベン（Brisbane）に近付けば更に街が増えてくるのだろう。なんだか急にロードハウスというもの自体が懐かしく、恋しくなってきた。

向い風とはいえ距離が短いので15時頃には目的地のタンボ（Tambo）という街に到着した。この日は土曜日でカフェや小さなスーパーは閉まっているから面倒臭い。筆者はこれを「週末リスク」と勝手に呼んでいる。田舎では土日には多くの店が閉まってしまうのだ。

街の入口にキャラバンパークがあったので、中に入って様子を見るがテントエリアがイマイチだ。閑静な街を通過し、街の出口にある公園へ行ってみた。トイレや水道もあるがキャンプ禁止のマークがあるので、この公園でのテント泊はできそうにない。街の中央にあるバーに泊まれないだろうか。店内に入って女性店員に話を聞くと、

「部屋に泊まることはできるけど、ここはローカルのホテルでモーテルじゃない。つまり・・・少し汚いけれどもいい？」と言葉を濁しながら言ってきたが、自転車野郎にそんなことは問題なかった。

余程汚くなければ、外で寝るより楽に決まっているので、そのままチェックインした。裏手に回って自転

車を柱に繋ぎ、階段を上がって部屋へ向かった。建屋内は広くて廊下もゆったりと余裕がある。部屋を開けると、なんてことはない普通の部屋だった。確かに少しボロいが汚い訳ではない。

荷物を置いてシャワーを浴びたが、水がチョロチョロとしか出なかったので、お湯であっても体が暖まらなかった。洗濯物を西日の当たる階段の手すりに干して部屋に戻った。そういえばチェックイン時に店員が面白いことを言っていた。

「チキンレースが17時から開催されるよ。」

確かに、そこら中にチキンレースの貼紙が貼られている。開催場所のバーの裏手に行くと、チキンレースの準備が始まっていた。どこから人が沸いたのか既にビールなどを飲んで大勢が盛り上がっている。ちなみに羊もビールを飲まされていた。

チキンレースのコース会場に目を移すとブルー、ピンク、グリーン、イエローとカラフルにペイントされたチキン達がコースに放たれ自由に闊歩している。餌である

カラフルなチキン達。

穀物をラジコンカーに載せて走らせ、それでチキンを誘導してレースとするようだ。コース脇に大勢の客が集まった時、

「レディース&ジェントルマン。」と調子の良さそうな男の挨拶が始まった。

レースの利益はヘリドクターへ寄付されるなどの形式的な話のあと、賭けるチキンの選択が始まった。一羽に対して一人がベットすることができ、金額はオークション形式の最高額で決定されるシステムだ。もちろんお金を払わずにオークションを見学し、レースを観戦することも可能だ。オッズなどはよく分からない。ピンク、グリーン、ブルーとチキン達が順番に競売にかけられていく。司会の男性も競りを盛り上げて各20ドル前後で落札されていた。

そして、いよいよレースが始まった。司会者はコントローラーを手にラジコンカーを疾走させている。餌に気がついてチキン達が一斉に群がり始めた。ラジコンカーはつかず離れず微妙な距離をキープしながら鳥達を率いていく。当然、餌に興味を示さない輩もいる。

餌のために必死になるチキンを見て多くの声援や笑い声が客席から漏れている。最終コーナーを回った時には、老若男女が声を張り上げレースは最高潮に達した。第一レースの勝利を飾ったのは体格が一番大きいブルーの「ブル」だった。前評判では小柄で身軽なチキンの方が有利だと見られていたので番狂せだった。

愚直に餌に向かって走るチキンと、日々ハンバーガーとコーラを求めて自転車でひた走る自分の姿が重なってしまい複雑な気持ちにもなった。掛金の払戻しでは、一人目の初老の女性が200ドル近い金額を全額寄付と格好良く言ったので、その後に続く人もみんなドクターへリに寄付する雰囲気になってしまった。蛇に噛まれたら利用させてもらう。

レースは平和に終わったが腹が空いた。オープンしたバー&パブへ行き、そこで夕食にポークを注文した。日本では外食で豚肉が出るのはかなり普通だが、メニューでポークがあるのは珍しい。宗教上食べられない人々がいるからだろう。もちろんスーパーなどでは普通に見かけるが、ロードハウスでは見る機会は少ない。そういえば、以前知り合った女性も日本が大好きで美味しいものがいっぱいあるが、豚肉が多くて困ると言っていた。一人で食事をしていると、

「日本人ですか?」と隣のテーブルの男性が日本語で話しかけてきた。

一緒に食べようと招かれたので、テーブルを移って一緒に食事することになった。一人で食事をしたかった気持ちもあった。ゲームや動画を見ながら行儀悪く食べるのも嫌いではないのだ。

大きなテーブルには夫婦二組と男の子の計5人が座っていて、食事が運ばれてくるのを待っていた。親族でロードトリップしているらしい。

食事も揃って、自己紹介や自転車旅のことを話しながら団欒する。日本語が話せる男性は日本愛好家で多くの地名を知っていた。そして出身地を聞かれフクシマだと伝えた。

彼は日本通だけあって震災のこともよく知っていた。ちなみに、彼だけではなくオーストラリアではフクシマの原発事故はかなり有名だ。この国でも原発を建造する案があるらしいが、フクシマアクシデントで凍結されているらしい。ウラン輸出国というのもあって、国民的に関心が高いのだろう。

そして彼は震災直後に被災地を訪れたらしいのだ。現地の状況を英訳して英語圏の国に広めなければいけなかったと言っていた。いわゆるジャーナリストってやつだろう。あの状況の裏で彼みたいな人も活躍していたのだなと今更ながらに知る事となった。そのお陰か彼は福島県の地名をよく知っていた。浪江、白河、若

松など筆者の地元も含め南半球の異国でそれらの地名を聞くことになるとは。

しんみりした話ばかりでは申し訳ないので、こちらからも話題を振ることにした。

「日本の温泉は好きですか？」

ありきたりだが日本愛好家の意見を聞きたくなったのだ。筆者の方もキャサリン、マタランカとオーストラリアの温泉を経験してきたので彼に比較されてもイメージができる。

「日本の温泉は良いけど、熱すぎる。」と彼は言った。

熱いお湯に長湯したいのは日本人だけなのかもしれない。

夕食後は部屋に戻り、歯磨きをしてベッドに横になった。当初はさっさと食事を済ませ部屋でゲームでもしようかと思っていたが、そんな時間もなくなってしまった。毛布が一枚しかないので少し寒い。寝袋を毛布に仕込んで寝た。

家に招待される

2019年7月16日

この日はローマ(Roma)という街まで夜通し時間を費やして走ることになる。かなり大きな街でこの辺りから携帯電波は常にオンラインの状態になる。イタリアの首都ローマと関係があるかは不明だ。

QLDのモーベン（Morven）という小さな街にあるモーテルのシングルルームに宿泊していた。部屋にトイレとシャワーも付いて８０ドルと今回の旅でコスパ最強クラスの部屋だと言ってもいい。

このモーテルの近くで朝食を食べられる場所は1キロ離れたガソリンスタンドなのでチェックアウトしてしまおう。部屋に忘れ物がないか確認し、ルームサービスのコーヒーを飲んで出発した。飲まなきゃもったいない気がしてミルクもコーヒーも紅茶も朝からガブ飲みだ。

ガソリンスタンドで朝食とカプチーノを注文する。既にコーヒーは飲んでいたが、外は寒いので温かい飲み物が欲しくなる。最近思うのは、使われているカップなどの食器類がオシャレになってきた気がする。大都市が近いとおしゃれになって行くのだろうか。

ガソリンスタンドの出口で挨拶をした女性に旅のことを聞かれた。その方はこの先にあるローマという街に住んでいるらしく、どうやら旦那さんも自転車が好きらしい。「小児癌のチャリティー」関連で自転車に乗るようなことを言っていた。それで興味をそそったらしく今夜のディナーに招待された。

ローマは１７９キロ離れている街で進路は一致する。マクドナルドもKFCもある大きい街なのだが、距離があるだけにかなり走らなければいけない。ハード過ぎるので断ろうかとも思ったが、このところ１００キロ刻みで走っていたので、少しだけ距離を伸ばしたいと考えていた矢先だった。折角というのもあり、１８～１９時頃に恐らくローマへ到着になるだろうと伝えてモーベンの街を出発した。実はローマまで行くかどうかは昨日から漠然と考えていたことでもあり、その手前の街で宿泊候補地に悩んでいたのだが、これでモチベーションができた。いつもよりペダルに力が入る。

この区間にはお亡くなりになられたカンガルーさんがとても多かった。少し下を向くと、前方の遺体に気付かず、轢いてしまいそうになる危うい瞬間が二、三度あった。間違って轢いても祟らないで欲しい。お昼前の時間は相変わらず風が強い。やっぱりローマまではダメかもしれない・・・。

季節的には冬なので夏場に比べて水はそこまで必要じゃない。通常は7リットル持つのだが、現在では4リットルくらいに軽量化できている。街が増えて補給も容易になっているので、干からびそうになっていた頃が懐かしいくらいだ。

あっという間に夕暮れになってしまった。まだローマへは到着していない。それでも小さなアップダウンの道の頂上では時折4Gの携帯電波をキャッチする様になってきた。モバイル回線はマウント・アイザ以来なので十三日ぶりだ。道路脇にはしっかりした農場やサイロなども出てきて街の気配を感じる。

日没と同時にアウターを羽織り、ライトを点灯させて暗くなった道路を進んでいると、対向車線から自転車がやってきた。こんな時間にどこへ行くのだろうか、トレーニングだろうか。そのサイクリストがすれ違う瞬間に寄ってきて喋りかけられた。どうやら今朝の女性の旦那さんらしく、筆者と合流すべく自転車で迎えにきてくれたというのだ。ローマへ着いた後に御自宅まで伺うのが大変だなと思っていたのだが、これはナイスな機転でありがたい。

それにしても彼は上下サイクルウェア（体に密着する薄い半袖短パン）で寒くないのだろうか。ちなみに彼は凄く恰幅がいい体型だ。既に暗くなっていたので街の外観は良く分からない。迷うことなく街を突っ切り、彼の御自宅へ到着した。奥さんも迎えてくれて無事に再会を果たせた。

使っていいと言われた部屋にはキングサイズのダブルベッドがあった。シャワーも頂き着替えも済ませた。洗濯は面倒なので、室内でその辺に広げておこう。天然素材のメリノウールのインナーは臭くなり難いから助かる。奥さんが鶏肉とヌードルの中華テイスト料理を作ってくれた。日本人である筆者に配慮してくれたのだろうか。美味しく頂くことができた。八人掛けくらいの食卓に三人で腰を掛けて静かに食事を摂る。食器の当たる音が響くくらい静かな食事となった。

食後にリビングへ戻ると旦那さんのオーストラリアトークが始まった。彼はニュージーランド出身でオーストラリアとの違いを語ってくれた。ニュージーランドの先住民であるマオリ族をとにかく誇りに思っている様子だ。マオリはイギリスからお金を貰い対等だったみたいなことを言っていたと思う。（※注意筆者の英語力は極めて低い。TOEICスコア：２００点台）

マオリの話で火が着いたのか、烈火の如く彼の話は盛り上がった。オーストラリアの深淵とも言えるアボリジニ問題、子供の教育、政府のあり方などなど。夜中まで走って酷使した体と頭はその話に対して完全に消化不良を起こしていた。なんとなく単語を拾うだけで精一杯だ。そんな様子を見兼ねたのか、奥さんが、「彼は疲れているのよ。そろそろ寝かせてあげましょう。」と言葉を掛けてくれた。

優しく、且つ鋭くカットインするその言葉が魔法の様に思えた。寝室に戻って一人になると走り終えた達成感が込み上げ安らかになる。なんてことはなく、久しぶりのインターネットでユーチューブを見ていた。これが現実だろう。あまり夜更かしをしても迷惑になるかもしれないので、さっさと寝よう。今回の旅で誰かの御自宅に泊めてもらうのはこれ一回きりだった。

ブリスベンに到着

２０１９年７月２０日

トゥーンバ（Toowoomba）という街の高級モーテルで目が覚めた。トゥーンバはブリスベン（Brisbane）の西１３０キロに位置している。ブリスベンを射程距離に捉えたと言ってもいいだろう。ダーウィンからブリスベンまではグーグルマップ上で３４４８キロある。この日に無事に到着できれば6月２１日に出発したので期間としては丁度一ヶ月間を要したことになる。

いつもと違かったのはダウンヒルからのスタートという点だ。斜度１０％に近い下り坂がずっと続くのはオーストラリアでは非常に珍しいが、朝だったので寒い。風の当たる自転車の下りはとにかく寒いのだ。しかも坂が長いのでブレーキングで手が疲れる。こんなことはオーストラリアで今まで無かった。下り坂の途中で停まり手の痺れを抜く。

坂を下りきったところにガソリンスタンドを見つけたので休憩することにした。寒さのせいでトイレに行きたくなったのだ。壁に自転車を立て掛けた時、荷台にくくり付けておいた豆乳がないことに気がついた。なんてことだ、未開封のオーガニック豆乳のドロップに全く気がつかなかった。勿体無い。

段々と建物が増えて街というより都市という感じになってきた。ハイウェイも自転車禁止マークが出てきて迂回を余儀なくされる。その都度、ルートをグーグルマップで確認しなければならない。更に街中はアップダウンが多く、斜度も結構あるから足にくる。

夕方の公園でゴルフを楽しむおじ様とおば様達に混じり、ブリスベン都市圏にも関わらずカンガルーさんがいた。プレイヤー達には完全に無視されている。オーストラリアのアイドルも地元住民には結構冷ややかな扱いを受けているようだ。

日が沈んでしまったのは道が複雑で時間がかかり過ぎるからだ。セントラルまで行かずに、この辺の郊外のモーテルにでも泊まりたいところだが宿がない。やはり、ブリスベンの中心部を目指すしか無さそうだ。都会だと遅くまで受付をしているはずだからタイムリミットがないのは救いだ。

そんなこんなで苦労してブリスベンのYHA（バックパッカーズのチェーン）に到着した。ブリスベンは海外観光客からも人気の都市なので満室だったらどうしようかと思っていたが、冬場はオフシーズンなのか予約なしでも余裕でチェックインできた。やはりオーストラリアは夏こそが人気なのだな。ドミトリーで一泊28ドル、とりあえず一泊にして必要があれば延泊しよう。

それにしても、高級マンションを改装したようなゴージャスなバックパッカーズだ。今まで泊まっていたバックパッカーズとは次元が違う。受付で三階の部屋を案内されて「エレベータを使え。」と言われたのだが、（自転車だから無理だ。見りゃわかるだろ。）と思っていた。しかし、余裕でエレベーター内に自転車が収まってしまった。

部屋の前まで自転車で行き、荷物を部屋に搬入してから駐輪所に自転車を停め、部屋に戻ってシャワールームへ向かった。部屋へはカードキーで入室するのだが、シャワールームへもカードキーが必要だった。セキュリティー面でも格上のようだ。周辺にマクドナルドなどがないのがネックだが、食材は持っていたのでキッチンで自炊することにした。五階がキッチンなどの共用フロアになっているのだが、そこも広かった。というか内装がイケてる大学のキャンパスの様だ。筆者が十年前に卒業した地方国立大学のキャンパスとはわけが違う。

街を深夜徘徊したいところだが、今日は迷路のような街を走って非常に疲れたのでおとなしく寝ることにしよう。明日はどうしようか、特にブリスベンでやりたいことはない。自転車も今のところトラブルなく快調だ。翌朝にでも考えよう。

不思議だったのが、ほぼ下りのコースなのに獲得標高が１０００メートルを超えていたということ。街中にどれだけアップダウンが多いかが良くわかる。苦労したが、遂に東海岸へ辿り着いたのだな。

第六章　再訪ニューサウスウェールズ州

四ヶ月ぶりに再開

2019年7月23日

ブリスベンを離れてシドニーを目指し南下すると、あっという間にニューサウスウェールズ（NSW）へ突入する。昨日滞在した東海岸のバイロンベイ（Byron bay）は観光地としても人気が高く、多くのバッパーがあって宿には困らない。街も綺麗で多くの観光客で賑わっている。滞在して休養する選択肢もあったが、バイロンベイも肌に合わない感じがしたので出発を選んだのだ。

それにしても、東海岸は別世界だ。街を離れたと思っても学校があったり、それなりに人が活動している。モーテルやカフェもポツポツある。本当に同じ国なのだろうか。バイロンベイの街から数キロでガソリンスタンドが見えたので、そこに寄ってバーガーとカプチーノを注文した。カフェよりもガソリンスタンドの方が落ち着く体になってしまった。

この日はグラフトン（Grafton）という街まで行きたいと考えていた。実はその街には大事な用事があったのだ。それはナラボーで出会ったオージー夫婦との再会である。ナラボーはオーストラリア南部に広がるアウトバック地帯だ。そこを通過したのは3月なので実に四ヶ月の月日が経ってしまった。とても長かった。

しかし都合が悪い事に彼らはこの日、ケアンズ（Cairns）へ出発するらしくブリスベン空港を目指してグラフトンを離れるらしい。仕方ないと思っていたが、途中で会えないかと提案された。確かに彼らがブリスベンまで北上するというのなら、途中でぶつかるので合流は可能だ。ツーリング姿の自転車乗りはそう多くなく目立つので見つけてもらいたい。

快晴の中、ペダリンをしていると煙突が見えてきた。何かのプラントがある。発電所のような感じがするが、こんな生活圏に発電所を作るだろうか。もう一つ気になるのは、ほのかにカラメルのような匂いが空気中を漂っている。このプラントが関係しているのだろうが何の匂いだろうか。まさか砂糖を燃やしているのか。砂糖を燃やして熱量を取り出すことも当然できるだろうけど。まさかそんなことはしないだろう。（そのまさかなんだけどね。）

プラントを過ぎた頃、道端で携帯を確認していると一人の男性に呼び止められた。それはまさしく、ナラボーで出会ったジョンだった。再会の挨拶をして先にあるレストランでランチをする事になった。出会えるか不安だったが、スムーズに合流できて少しホッとした。

食事は甘めのタイカレー、チップス（フライドポテト）、オレンジジュースをご馳走になった。席に着いて長い旅の話が始まった。エクスマウスでの海水浴、置き引き事件、ダーウィンでのツアー、毎日が向い風で大変だった事などを熱く語ってしまった。ただ毎日自転車に乗っているだけだったが、人に話すと充実感なのか達成感なのか、独特な感情が芽生えてきた。途方もない距離を前にして辿り着けるか不安もあったが、1

キロずつ漕いでいた自転車のペダリングが10キロになり、それが繰り返されて100キロ、1000キロに積み上がる。そしてやがて10000キロという距離になっていくのだ。

点が線になった感覚があった。彼らにも予定があったので長く一緒には居れなかったが、いい時間を過ごすことができた。再び自転車に戻って道路に出ると、道路脇にはコアラマークの看板が出てきた。木を見上げて必死にコアラを探すが見つからない。

ジョンとの再会も無事に果たせたのでグラフトンまで行く必要はなくなった。手前にマクレーン（Maclean）という街があるので今夜はその街に滞在しよう。マクレーンは川沿いにある小さな街だ。東海岸とは言えブリスベンやゴールド・コーストの大都市からは200キロ以上離れている小さな街だ。中心街にはバー併設の宿泊施設があるのでひとまずそこへ行く事にした。

バーホテルはQLDに入るまであまり利用しなかったが、最近になって良さが分かってきた。古い建物で趣があるのも異文化出身者には嬉しい。バーのカウンターで話を聞くと宿泊できるようだ。料金もモーテルに比べてずっと安い。テント泊にこだわる自転車乗りをブログなどでよく見かけるが、筆者の場合、テント泊はあくまで手段なのでそこにこだわりは無いのだ。従って街が多い東海岸では基本的に宿泊施設を利用していた。

ドミトリーを勧められ、チェックインして部屋のある二階へ上がった。この部屋の宿泊者は他におらず貸切状態だ。シャワーを浴び、着替えをして街へ出た。

十分くらい歩いたところにチャイニーズレストランがある。バーで食事をしてもいいのだが、たまにはチップスやバーガー以外のものを食べたい。その店を外から覗くと凄く高級そうに見えたので尻込みしてしまったが、入店して席に着き、酢豚と炒飯を注文した。他の客はオージーの男性二人組だけだった。遠くのテーブル席では男の子がパソコンをいじっている。店のオーナーの子供だろうか。ゆるい雰囲気で安心する。運ばれてきた料理のボリュームが凄かったが、なんとか食べきれた。温かい中華スープが身に沁みる。支払いに席を立った時、オージー男子達のテーブルを見るとパーティの最中の様な凄い量の料理が並んでいた。本当によく食べれるよね。

宿に戻るとコーラがどうしても飲みたくなって来たが、一階がバーなのは好都合だ。コーラを一本担いで部屋に戻り、ベッドで飲みながらスマホを操作する。まるで自分の部屋のようにだらだらと過ごして今日も終わりだ。ゴールのシドニーは近い。

たくさんの日本人

2019年7月24日

マクレーンの宿はセルフ方式のシリアルとミルク、そしてコーヒーが朝食として提供される。ひとまず40キロ離れたグラフトンを目指す。幹線道路を通ってもいけるのだが、この区間は日本みたいに道が狭く交通量が多くて危険を感じていた。川を渡って対岸の川沿いの道を進むことにしよう。川には立派な橋が掛かっている。マクレーンのシンボルの様な橋で、街はこの橋を中心に形成されたと言ってもいいだろう。朝の川というのはとても清々しい。対岸の道路は喧騒がなく交通量もない。きっと爽快な朝のスタートが切れるだろう。

川沿いを進むとサトウキビ畑が出現した。このＱＬＤとＮＳＷの州境付近のエリアではサトウキビから砂糖を生産しているようだ。昨日発見した発電所では「砂糖を燃やして電気も作っている。」とジョンが言っていたのだから驚きだ。おそらく環境プロジェクトの一環であるバイオマス発電と言ったところだろう。砂糖の燃えかすが灰となって舞ってくるとジョンが言っていた。

景観が良さそうなカフェを川沿いに発見したので、昼休憩には少し早いが休憩することにした。朝食が少なかったので食事でもしようかと思ったが、ブレックファーストの時間が終わっていたので注文できなかった。そこでカプチーノとチョコレートプディングをテイクアウトして外の船着場へと向かった。

岸から少しせせり出た小さな船着場には、個人所有であろう船が停泊していた。近くには二人の男性が椅子に座って釣りをしている。そのうちの一人が隻腕だったのが印象的だった。挨拶をして隣に座り込み、コーヒーを飲みながらプディングを食べる。釣り人の二人の会話は独特で、長い間を取りながら、時々少ない言葉を交わしている。ここだけ時間の流れが違うようだ。

自転車で旅をしていると言ったら彼らは少しだけ驚いた。川をボケーッと見ながらプディングで甘くなった口をカプチーノで洗う。二人の隣にいたが、常に話し掛けてくる人達ではなかったのがとても楽だった。いつの間にか川辺には三人の妙な空間ができ上がっていた。

ウェストポーチを枕にして船着場に横になって寝転がっていた。ＢＧＭの様になっていた隣の二人組の会話が急に途切れたので起き上がってみると、隻腕の男の方に魚がヒットした様だ。空気が一瞬で変わり、隻腕の男は釣竿を股の間で固定しリールを回す。器用だなと関心したのも束の間、見事な一匹を釣り上げた。

釣り上げたのを見届けると走る気に戻ったので船着場を立ち去った。午前が終わってしまったが、まだグラフトンにも到着していない。午後にシワ寄せが来そうだ。

グラフトンを抜けると、日本の高速道路の様なバイパス道路になる。日本と異なるのは自転車も通行できる点だ。非常にありがたいし、ペースアップが期待できる。道路脇には高い木が出てきたので、コアラを探してみるが見つからない。それにしても木の量が増えて高くなった。砂漠は終わったのだなと、こんなことでも実感した。

この日の最後には自転車が止まりそうなほどの強烈な登り坂があった。自転車が重いので勾配があると冗談ではない負荷がかかる。しかも左にカーブしながらの登りなので、インコースを走ることになるのだが、イン側の方が斜度がキツイのだ。脚と上半身が引き裂かれそうで、叫びながらなんとか登りきり、急峻な下り坂を駆け抜けてコフスハーバー（Coffs Harbour）の郊外に到着した。

宿はもう目と鼻の先だ。走行距離は126キロと午前中に40キロ弱しか走れなかったのを考えれば及第点だろう。宿へ行く前にマクドナルドで休憩しよう。登りで消費したグリコーゲンを補給しなければ頭が働かず、簡単な判断もできなくなる。そうなる前にシェイクを飲まねばならない。入口付近のテラス席でシェイクを飲んでいると、小学生～中学生くらいの男の子に声を掛けられた。

「Can you exchange?（両替できる?）」と彼は聞いてきた。

「Sure.（いいよ。）」ともちろん答える。

後ろには友達であろう別の男の子と女の子がいてソフトクリームを食べている。三人で遊んでいるようだ。

サトウキビ畑が続いている。

「いくらに？ 細かいお札は持ってないし、コインもそんなに持ってないよ。」と男の子に言うが、彼はモジモジしている。

「2ドルコインが欲しい。友達とアイスを一緒に食べたいんだ。」と彼が言うので、

2ドルコインを一枚取り出して机に置いた。すると彼は20セントコイン一枚をテーブルに置き、2ドルコインを取って店内にアイスを買いに行ってしまった。

「え？」筆者は呆気にとられながらも、「exchange」という単語をiPhoneで検索する。

すると「両替」だけでなく単に「交換」の意味も確かに併せ持っている。たかが2ドルだがしてやられた。まさか20セントと2ドルの交換だったとは。彼は常識と言う虚を衝き、一瞬にして元の資産を十倍にしたのだ。

悔しいが天晴れだ。頭を切り替え、YHAコフスハーバー店に到着してドミトリー部屋へチェックインした。東海岸にいるとほとんど宿には困らないが、そうなると宿選びが面倒になる。従ってチェーン店のYHAを第一候補にして巡ると決めていたのだ。東海岸の少し大きい街には大抵YHAがあるのだ。

いつも通りにシャワーなどを終わらせて、共用キッチンで早速自炊することにした。メニューはいつも通りのオイルサーディンパセリ飯だ。食料も常に補給できる環境なので、缶詰など重荷になるものは消費してしまいたい。すると、珍しいことにキッチンからは日本語が聞こえてきた。本著では省いたが、宿で日本人と会うのはウェスタンオーストラリア（WA）のブルーム（Broome）以来でそれは五月の事だ。それからノーザンテリトリー（NT）、クイーンズランド（QLD）、ニューサウスウェルズ（NSW）と走って来たので、如何に日本人と縁がなかったことか。オーストラリアの日本人街と呼ばれるケアンズ（Cairns）がルート上に無かった事も大きな理由としてあるのだろうが。この宿に日本人は沢山いた。女性の比率の方が多かったと思う。彼女らはこのYHAに滞在しながらファームジョブ（主に農場での収穫作業）をしていると後で聞いた。

その女性陣一行が小魚の恐らく唐揚げを作ろうとして騒いでいる。ワカサギのような魚を沢山貰ってきたらしい。しかし、おぼつかない雰囲気で油の入った鍋の前にたむろっている。片栗粉も衣もついていない濡れた小魚を油に大量投入されたら、油が跳ねて大惨事になりそうだ。最悪火事になりかねない。見兼ねて話しかけて助け舟を出してしまった。

「小麦粉か片栗粉をビニール袋に入れて、そこに小魚も入れてまぶせば汚れないし楽だよ。」

「入れ過ぎて、油の温度落ちるとベッチャリするから気を付けて。」

基本的な事を教えると大丈夫そうだったので、席に戻ってパセリ飯を食べていると、彼女らができ上がった唐揚げを持って来てくれた。新鮮なだけに美味しい。小魚の唐揚は好物でもあるのでとても嬉しい。学生時代はスーパーで半額になった豆アジを購入して、唐揚げにしてよく食べていたものだ。

そこからその日本人グループと話し合い、いつものように自転車旅の事、もう少しでゴールである事などを話すと興味深く話を聞いてくれた。

部屋に引き上げて、寝る準備をする。今夜から明日は雨予報で天気が悪いらしい。ブリスベン（Brisbane）あたりからそろそろオフ日が欲しかったので、延泊して休養するのも悪くない。ダーウィン以降で休んだのは鉱山都市のマウント・アイザでの一日だけだ。宿の周りは落ち着いていてうるさくないし、日本人達から色々な情報も聞けそうなので延泊することにしよう。

２０１９年７月２５日

この日はオフ日なので自転車には乗らない。毎日7～8時間自転車に乗っているとそれが仕事のようになってくる。ダーウィンを去ったのが6月２１日なので、この一ヶ月以上の期間で二日目の休養日ということだ。

朝食の材料がなかったので、近くのベーカリーでパンを購入して食べた。天気は曇りで雨が降りそうだ。食後は宿に戻り、延泊の支払いを済ませてから少し散歩で海を見てきたが、それ以外にやる事は特にない。というか外にすら出歩きたくない。

「今日は何するんですか？」と宿の人に聞かれれば、

「何もしない。」と答えた。

あくまで体を休めるのだ。食材の購入以外でもう外に出歩く事はないだろう。宿の日本人グループもファームジョブは休みと言っていた。少しでも天気が悪いと休日になるらしい。また今は収穫するブルーベリーが無いとのこと。こればっかりは自然依存だから仕方ないだろう。

自転車のメンテナンスをしようと思っていたことを思い出した。ハンドルの右ブラケット（ハンドルから突き出てるブレーキレバーがついてるやつ）が緩くなっていたのだ。と言ってもネジを締めるだけなのだが。この旅でブラケットがガタついたのは初めてだ。そして延々と宿の人達と話をしていたらあっという間に夕方になってしまった。夕食時なので歩いて四十分くらいかけてColseスーパーマーケットへ行き、食材を購入して帰宅した。

明日は走行日なので早めに寝ることにしよう。居心地はいい街だがシドニー（Sydney）へ行ってゴールしてしまいたい気持ちが強い。ここの日本人にも話したが、ブリスベンの街が近づいてきた時点で冒険はもう終わってしまったのだ。砂漠もない。携帯電話も常にオンラインでどんなことも調べれば解決する。明日の天気、風向き、気温も事前に知ることができるのだ。この旅をさっさと完結させなければ。

ついにコアラを拝見

2019年7月27日

日本人が多かったコフスハーバーを離れ、宿の女性から差し入れで頂いていたレッドブルを飲みながら、昨夜辿り着いたのはポートマッコリー（Port Macquarie）という街だ。宿泊はいつものYHAで六人部屋のドミトリーを一人で使用した。本当にオフシーズンでラッキーだったと思う。目が覚めてコーヒーくらいは飲んで出発しようとキッチンへ行くと二人の台湾人女性がいた。台湾は親日と言われるだけあって愛想良くしてくれる。

キーボックスに鍵を落として宿を出発した。この街ではコアラが見れる施設があるらしいので、まずはそこへ行く。コアラホスピタルと言って怪我をしたコアラを保護しているらしいのだ。この国でカンガルーは飽きるほど見たが、コアラはまだ見ていない。このまま終わるのかと思ったが最後の最後で運が巡ってきた。

コアラホスピタルは宿から3～4キロしか離れていないので自転車でも行ける。途中のガソリンスタンドで朝食にミートパイを食べながらコアラホスピタル開園を待とう。

街の中に森に囲まれた小高い丘があり、少し登るとその施設がある。コアラの像などもありそれらしい雰囲気だ。コアラホスピタルは無料で開放されており、飼育されているコアラを見ることができるが、彼らは何かしらの怪我を負っている。

適当な場所に自転車を停めて柵内を覗くと、夢にまでは出ていないが、会いたかったコアラがそこにはいた。木に抱き付いていて可愛らしい。夜行性らしいので昼間は眠たそうな顔で木にしがみついている。どうやら一匹目の彼女（メス）は足を怪我しているようだ。オーストラリアでは猿ではなく「コアラも木から落ちる」と言わねばなるまい。

6人ドミトリー部屋を一人で使った。

先へ進むと、デイビッドという懐かしい名前のコアラが床をずっと歩いている。なぜ歩いているのだろうか。目を怪我しているらしいので、それが関係しているのだろうか。壁沿いを延々と歩いている。動いている姿も珍しいだろうから、こちらとしては嬉しいのだが、デイビッドよ疲れないか？

団体客がいてガイドらしき人が木の上を指差している。彼らが去った後にその場所へ行き、指し示していた場所をよく見ると、枝の別れ際の根元に小さな丸い形のコアラがいた。なるほど。コアラは枝別れの部分にちょこんと座るのだな。

余っていた小銭を募金箱に入れて、園を出ようとした時に宿で出会った二人の台湾人と再会した。彼女らもコアラを見にきたようだ。

そういえば、ダーウィンのカカドゥツアーでメガネを無くして以来、ずっと裸眼で生活している。筆者の視力は0．2くらいしかないので、本来このような施設を見学するのは大変なのだが、裸眼で見るのにも慣れてきたのかそこまで不便を感じない。

夜行性なので昼は寝るコアラ。

コアラホスピタルから先は海沿いの道を南下してハイウェイに戻ろう。道路からは相変わらず綺麗な海岸線が時々見える。自転車を停めてドローンアプリを開き、フライトエリアを確認して空撮をした。オーストラリアはどこへ行っても海岸が綺麗だ。

ハイウェイではシドニーを目指してひたす

ら進む。途中、サービスエリアにマクドナルドを見つけたので休憩することにした。東海岸に来てからは頻繁に利用するようになった。セルフオーダーのボードが非常に楽なのだが、何故か日本にはこのタッチパネル式のオーダーボードがない。導入して欲しい。アップルパイのマックフルーリーが新登場したらしいので購入してみたが、

「あまい！ 甘すぎる。」

マックフルーリーに甘いアップルパイが付いていて、更に甘いキャラメルがガチャガチャにかかっている。というか半分はキャラメルだ。リピートする事はないだろう。

今日はどこまで行こうか、次にYHAがあるのはニューキャッスル（Newcastle）という街だが、今朝に出発したポートマッコリーからは260キロも離れている。考るのも面倒だから適当に辿り着いた場所で宿を探して寝ることにしよう。この油断と判断が不意に最後のテント泊を誘発することになってしまうのだ。

そこはナビアック（Nabiac）というハイウェイ沿いに形成されている小さな街だ。暗くなってきたのでこの周辺で宿を探すことにした。グーグルマップによると宿泊施設で引っ掛かるバーが一件あった。土曜の夜だけあってかなり賑わっている。スタッフに宿を聞いてみたが、「ない。」と言われてしまった。このバー以外に宿泊できそうな場所はない。どうしようか。

ハイウェイの反対側に安定のガソリンスタンドがある。キャラバンパークの看板もあったのでそっちへ移動してみよう。腹ごしらえとしてそのガソリンスタンドでバーガーを購入してとりあえず食べる。完全に日が落ちてあたりは真っ暗で寒くなってきた。

ガソリンスタンドの周りには芝生があったので、キャンプできないか聞いてみたが控えめに断られた。車

乗りしない。

が近くを通るから危ないと店員は言う。確かにその通りだし、何よりうるさいし、振動も凄そうで筆者も気

アテがあるのか、その店員が何処かへ電話を掛けてくれたがダメだった。さっきキャラバンパークの看板を見たのでその所在も店員に尋ねてみたが、近くにキャラバンパークはないとはっきり言われた。グーグルマップによると1キロほど戻れば別のキャラバンパークがある様なので、そこへ行ってみることにした。反対側だったためか来る時には全く気がつかなかった。

スマホの指し示す場所へ行ってみると、そこはとても暗くキャラバンパークの残骸だった。どうやら閉業してしまったようだ。いよいよ詰みに近い状態になってきたので、その辺でテント泊しか選択肢はなさそうだ。以前も書いたがオーストラリアで野宿は違法だ。筆者はなるべく遵守に努めるタイプなので極力野宿はしないのだが、こんな場合はやむを得まい。

ナビアックの街には丁度いい公園があった。いい位置に木もあるのでテントサイルが設営可能だ。公園の隣には交番があるので治安は悪くないだろうが、注意されたり罰金になるリスクが怖い。

少し寒いので朝露が不安だ。あとスプリンクラーが動かないか心配だ。オーストラリア北西部では夜の公園でスプリンクラーが起動して大変なことになったので軽くトラウマだ。これは祈るしかない。

テント内に入りスカイパッドを呼気で膨らませて寝袋を被る。スプリンクラーは怖いのだが疲れが勝って意識は直ぐに遠ざかった。早く朝が来て欲しい。

2019年7月28日

夜間にスプリンクラーが発動する事もなく無事に朝を迎えられたようだ。外に出ると自転車に取り付けるサイドバッグやテントなどが朝露でびっしょりと濡れている。荷物が濡れることはなかったが、テントは乾かさなければならない。日当たりが良く、テントを干せそうな場所は公園のモニュメントの場所しかなさそうだ。その周りにある柵に干そう。

そのモニュメントは戦争の慰霊碑でオーストラリアではこの場所以外でもたまに見る。第二次世界大戦と思うので相手は日本軍のはずだ。その慰霊碑で筆者がテントを乾かすのも少し申し訳ない気もする。進行方向から嫌な風が吹いているが、その風と日光を最大限に利用して三十分ほどでテントを乾かした。公園を離れると、オープンしているカフェを見つけた。チェーン店では無い街のカフェだ。ナビアックのような小さな街だと自転車ツーリストでも入りやすい。

サーモンブレックファーストが運ばれてきた。ブレックファーストのトッピングと言えばベーコン、ソーセージ、エッグ、マッシュルームなどが一般的だが、珍しくサーモンがあったので注文したのだ。冷燻か生かサーモンの上にたっぷりの自家製と思われるマヨソースが乗っている。その特製マヨソースを乗せたままサーモンを口に運ぶ。となんでもなく濃厚だ。サーモンの生臭さが丁度よく緩和されて気にならな

サーモンブレックファースト

ない。それでいてサーモンの塩味と風味がマヨソースに埋もれることもない。絶妙なバランスだ。サーモンからスタートする朝というのは新鮮だ。こんな街のカフェに寄ることも普通の旅行ではまず有り得ない。自転車旅冥利だ。シドニーは目と鼻の先である。もうひと頑張りだ。

シドニー到着

2019年7月29日

ついにこの日、オーストラリア自転車一周の旅が完了する。スタートした場所はニューキャッスル（Newcastle）という街にあるお馴染みYHAからスタートした。最近は街で朝を迎えるので、朝食の準備などはしていない。着替えを済ませたら水を飲み荷物をまとめて出発準備をする。

途中のカフェでカプチーノとビーフパイを注文したが、この店にパイはないらしい。モーニングにパイがない店に入ってしまう

ナビアックにて最後のテント泊。

とはなんたる不覚、代わりにサンドウィッチを朝食にした。

直ぐにメイン道路に出ることができたが、信号も交通量も多いのでペースはそこまで上がらない。それにしても本当に日本よりも街中に坂が多い。そのため獲得標高は山地国家と呼ばれる日本並みに高くなる。勝手な考察だが、日本は山を避けて平地に街や道を築いたが、この国では砂漠を避けて街を作ったのではないだろうか。温暖な気候の沿岸部が山地なので、そこに住むためには坂に道や街を作る必要があったのではないだろうか。国土こそ広いが、居住可能な平地スペースは少ないのかもしれない。街中を縫って走り、跨線橋を越え、坂道に悪態をつきながらも距離を稼いだ。

シドニーに近付くのに一部区間でフェリーを利用しようと考えていた。東海岸では水上バスのようなフェリー路線が結構ある。もちろんそれらは自転車持込可である。パームビーチ（Palm Beech）という場所からシドニーの北にあるエタロングビーチ（Ettalong Beach）までフェリーが運行している。自転車で旅をしているのだから利用してみたい。これは車ではできない裏技なのだ。

夕方前にはフェリー乗り場に到着した。丁度、船が寄港して乗客が降りてきている。トイレに行きたかったので待合所付近にあるトイレに駆け込んだが、出たら船は行ってしまっていた。日本だったら常識的に考えて出発まで十~十五分のインターバルがあるものだが、ここはオーストラリアだった。油断した。時刻表を確認すると次の便は一時間後だった。このタイムロスは結構ヤバイ。

幹線道路まで戻る方が時間を要するので、食事でもしようかと近所をまわるとイタリアンレストランを見つけた。ピザをテイクアウトし、ピザを片手に自転車に乗って船着場まで戻ってきた。ベンチに座ってピザを頬張る。昨日の夜もピザだったな。（実はこの後もピザになる・・・。）

船が到着して5ドル払って乗り込んだ頃には雨が降り始めた。雨と言っても、日本人の感覚で言えば小振りの小雨なので大したことはないが、降らないに越したことはない。対岸のパームビーチに到着した頃には暗くなっていた。パームビーチからシドニーのセントラルまでは44キロの距離がある。時間にして二時間くらいだ。どこまで進もうか。というかどこがゴールなのだろう。シドニーと言っても広いのだ。

小さな問題はどうでもいいとして、天候が悪くて暗い、それでいて交通量も多いから走らないほうがいい気もするが頑張れば行ってしまえる距離だ。アプリを開いてシドニーのハーバーブリッジ周辺にあるYHAに予約を入れた。今日一日だけリスクを踏もう。オーストラリア一周中で唯一の夜間雨ライドとなった。北からシドニー中心街に進入するにはハーバーブリッジという橋を渡ることになるので、とりあえずはその橋を目指す。

段々と車線が増え、やがて道路は自転車進入禁止の看板が出てきた。どうやらハーバーブリッジの車道を自転車で走って渡ることはできない様だ。しかし、グーグルマップによると歩道があるのでそこまで行こう。これが厄介極まりなかった。橋をくぐって反対側に行ったと思ったら、また跨線橋で元の側に戻される。一方通行も多くて大変だ。迂回を繰り返してなんとか歩道に辿り着いたが、かなりの斜度の階段を登らなければならない。自転車を押し上げるのだが、車体が40キロくらいあるのでただの筋トレだ。腕だけでなく腰にも響く。踊り場で休みながらもなんとか引き上げた。

そして、ハーバーブリッジは圧巻だった。これは橋なのか。なんという大きさだ。車線もいくつあるのか分からない。というか電車も通ってる。はるか下界には観覧車が小さく見えるのだが、一体ここはどれだけ高いのか。日本人的には驚愕の大きさの建造物だ。でも友人から聞いたのだが、アメリカのゴールデンゲートブリッジはもっと大きいらしい。

ハーバーブリッジを越えて予約したYHAを探した。またもや橋の周りをうろちょろしてグーグルマップと睨めっこだ。程なくして辿り着いたYHAも巨大だった。

「シドニー＝都会＝狭い」というのは日本の方程式で、この国では成り立たないらしい。大きなビル一棟が丸々バックパッカーズだ。しかも吹き抜け構造で訳がわからん。更に、その吹き抜けは「古い居住跡」を見ることができる。（意味不明だろうが、本当にこの通りなのだ。）

結局チェックインは21時頃になってしまった。とりあえず三泊というか、三泊からでしか予約が取れない。ゆっくりと疲れを取り除こう。

いつも通りの流れだが、これにてオーストラリア自転車一周の旅が完結した。部屋は四人ドミトリーだが一人だったのでゆっくりできそうだ。自転車旅の終わりはいつも呆気なく、普通な感じで終わる。というのも、ただ走っただけなのだから無理もない。一周をしたという事実だけが残るのだ。学生時代から構想があったオーストラリア自転車旅は終わった。その頃の計画では二十七歳で旅立つつもりでいたが、結局は三十一歳になってしまった。

さて、次は何をしようか。宿で貰ったサービス券を使ってピザとワインを隣のバーで食べながら、今後のプランを考えるとしよう。

参考までに旅のデータを示す。
・走行日数［day］：115

・走行距離［km］：１８８０１
・獲得標高［m］：１４８１３２
・走行時間［h］：１００１
※この集計データはGPSを利用したアプリ（Strava APP）から集計したもの。

「最も重要なことは、無事に旅を終えたことだ。」と帰国後に友人のオーストラリア人に言われたが、本当にその通りだと思う。

第七章　アデレード生活

格闘技は国境を越える

ジムのコーチと再会。

シドニーに滞在と言ってもやることがない。観光にもそこまで興味はないし、ショッピングをしてもしょうがない。ハンバーガーは飽きるほど食べた。日本食は・・・帰国してから食べた方が安くて旨い。目的は達成したので帰国してもいいのだが、ビザの有効期限はまだ五ヶ月ある。

シドニーで三泊すると、延泊せずにチェックアウトして自転車を走らせた。辿り着いたのはシドニー空港だ。カンタス航空のサービスカウンターで自転車用の段ボールを購入する。この段ボールの値段だけで40ドルもする。ペダルや前輪を外し、テントもつっこんで封をした。飛行機に乗り込んでシドニーを離れる。オーストラリア一周といってもシドニーでは何もしていなかった。誰かを連れてきても全く案内できないだろう。

離陸して約二時間でアデレード空港へと到着した。自転車だと一ヶ月弱を費やしたというのに。これからはサイクリストではなく、格闘家としてのアデレードライフが始まる。

アデレードでは前回お世話になった日本人宿へ今回もチェックインした。ヨーロピアンも多いが、相変わらずの日本人宿のようで、この宿には帰国するまでの約四ヶ月間お世話になった。

とりあえずは格闘技をやるための生活を整える。これからは宿のキッチンで毎日自炊をしなければいけない。アデレードの街を駆けずり回って探した最初のアイテムは「スキレット」だった。鋳鉄のフライパンでこれを使えば肉が上手に焼けるのだ。

ムエタイ豪王者のジムメイトとも再会。

グローブなどの格闘技用品は「eBay」という通販を利用して購入しよう。（届くのが遅くて忘れた頃に荷物は到着した。）そして柔術着はリュックに詰めて日本から送ってもらった。５０００円くらいで送れるらしいので購入するより安いし早いのだ。ラッシュガードやレギンスは街で買うことにした。一〜二週間でMMA&BJJに本格的に取り組む準備が整った。

ジムを再訪するとジムメイト達は変わらずに歓迎してくれた。3月以来なので五ヶ月ぶりだ。アデレードを旅立った時が遠い昔のようだ。あれからナラボーを通過してパースまで行き、ダーウィン、ブリスベン、シドニーと一周してきたのだ。もう一度行けと言われてもやらないだろう。

英語もろくにできずにコミュニケーションに詰まることもあるが、なんとかなってしまうから格闘技は面白い。何より今までやってきたことが通用するというのが自信につながり、技術の蓄積を実感できる。

この時にアデレードで開催されたグラップリングの試合に出場した。自転車に乗って朝に会場入りするも、計量は試合前までに測ればいいという感じのゆるいスタイルだった。そもそもオープンと共に入るのはスタッフ以外では筆者一人だった。

みんなが集まってきて試合が順次消化されて行く。ジムメイトと一緒にウォーミングアップをして自分の試合のコートで試合を待つ。タイムキーパーや得点係はデリバリーしたピザを食べながら試合を進行させている。日本でスタッフがそんなことしたら怒られそうだが、合理的だ。

階級カテゴリー別の四人リーグで試合は組まれていたが、一人は連絡もなく来なかったので三人リーグとなった。

一試合目、バックポジションからのチョークで一本勝ち。

二試合目、ノースサウスチョークで一本勝ち。

結果は優勝することができた。ちなみに筆者だけ連続で試合したから二試合目は凄く疲れた。

海外で格闘技をするのに大事なことは日本とそう変わらない思う。ジムでは紳士的であること、怪我をさせないことが特に重要だ。教え合うこともできればベストで恐らく柔術青帯くらいのレベルを持っていれば楽しく格闘技をすることができるだろう。もちろん海外で格闘技を始めるのも素晴らしいと思う。

生活面では食事が最も大変だと思う。スポーツ選手だけではないが、料理はできたほうがいい。外食はかなり値段が高いので長期滞在者には向かない。また、欧米食はとにかくカロリーが高い点も気を付けねばならない。食事に関して言えば日本という国は選択肢も多く融通が効くので、比較して海外では初めのうちは不便さを感じるかもしれない。日本人の中では食事が体に合わないと苦労する人も多いのだ。

ちなみに自転車旅を終えて、体重を量ったら2kgも増えていた。痩せると思っていたのでこの結果は驚きだった。前述の通り思ったよりハイカロリーな食事をしていたのだろう。総カロリーを見抜けず概算が間違っていたのだと思う。確かに太ももの筋肉が二回りは大きくなっている気がする。それでも自転車旅で増量するのは信じ難いのだが。

資金が少し残っていたので仕事はしなかった。最低限の滞在費であれば日本よりも低コストに過ごすことができる。物価が高いのに自炊すれば食費に差はないのである（つまり安いってこと）。午前中には徒歩二分のフィットネスジムに通いトレーニングもしていた。宿には日本語の本や漫画が大量に置いてあったので、それらを読むのも楽しみだった。

お金に関してはキャッシュレス生活で、現金をほとんど持たずに日本のクレジットカードで決済していた。

大会優勝

日本の円口座から引き落とされるので円高時に非常に有利に働くのだ。チップ文化も無いのでアウトバックのロードハウスなどでもクレジットカードだけで事足りてしまう。現金がどうしても必要な時はクレジットカードでキャッシングをしていた。ちなみに、キャッシュが必要なのはコインランドリー（都市部にはカードやネット決済のランドリーもある。）とカジノだけである。あとはドリンクの自販機くらいだが、滅多に使うことはない。

第八章　帰国&試合

入国してから約一年が過ぎようとしていた。滞在期間の期限が近付いたので帰国日を決めなければならない。クリスマス前でフライトチケットが中々取れず、帰国のフライト日は１２月の初めになってしまった。旅行資金は完全になくなったので、途中からクレジットカードのリボ払いで対応していた。リボ払いなんて誰が使うのだと思っていたが、まさかの自分だった。それでも航空チケット代はマイルを貯めていたので、燃料サーチャージ代だけで済んだのは自分を褒めてあげたい。数年前から筆者の経済活動は全てマイルに変換される様になっているのだ。

帰国一週間前くらいに日本からとある連絡がきた。それは試合のオファーだった。場所は東京の新宿だ。練習はずっとやっていたが前回の試合から二年以上のブランクがある。急遽、増量を中断し、減量にシフトさせなければならない。

２０１９年１２月６日

アデレード→メルボルン→成田と乗り継いで無事に帰国した。自転車や他の荷物も無事に回収でき、あとは税関でお金を払って外に出るだけだ。オーストラリアのワインを十本ほどお土産に買ってきていたのだ。酒税は８００円と高くはない。

「現金ないのでカードでいいですか？」と慣れた手つきでクレジットカードに手をかけた時、

「現金のみです。納税ですので。」と返された。

キャシュレス脳になっていたので現金がない。このままでは没収されてしまう。外貨でもいいらしいのだが持っていたキャッシュは全てアデレードカジノに費やし宿代の捻出に使い切っていた。

なんとか懇願すると、荷物はそのままで、ゲートから出てATMから引き出してきてもいいと言われた。ゲートから出ると迎えにきてくれていた父親と目が合った。

「1000円貸して。」帰国して初めの言葉である。我が祖国福島の英雄、野口英世をむしり取って税関へ戻った。

そのまま地元へ帰り。翌日には荷物をまとめて学生時代からお世話になっている新潟の格闘技ジムへ向かった。

ジムのみんなとは一年ぶり、感動の再会・・・とはならず、普通に練習に混ざった。試合まで二週間程度しかないのだ。焦りながらも、練習はしていたので大丈夫だと自分に言い聞かせる日々を過ごした。そして、試合の日はあっという間にやってきた。

新幹線内の階段で踏み台昇降運動をし、計量開場の周りを走って汗を出し、なんとか減量をパスして試合当日を迎えた。

リングへ向かう直前、シドニーから始まった自転車旅を回想していた。西海岸から始まった向い風が本当に嫌だったな。そしてジムで教えてもらったテクニックなどを頭の中で反芻すると、やがて一つの事に気がついた。

ここが、この試合が、自転車旅のゴールなのだな。

あとがき

本書を手に取って頂きありがとうございます。

執筆経験が無いので不安でしたが、無事出版となりました。

計画段階からオーストラリア一周の自転車旅情報が少ないと感じており、記録として残せば、後のチャリダーにとって有益な情報になるのではないかと思い企画を持ち込みました。

ちなみに情報が少ない理由は

・物価が高い→お金の問題
・長い日程→滞在日数とビザの問題
・補給ポイントが遠い→体力の問題

上記理由から自転車乗りに一周は嫌われるので、横断、縦断が多くなるのだと考察しています。

そして、格闘技編では海外で格闘技をする。格闘技留学という選択肢をこれからの若いファイターに伝えたいとも思いました。

他の競技のように、今後は海外でアマチュア大会を制したり、プロデビューをする日本人格闘家が増えると思います。

少しでもそれらのイメージを持ってもらいたいというのも出版理由の一つです。

旅の内容としては一部しか書けていません。これからは残り僅かな選手生活の傍ら、多くの人にもそれらを伝えていけたらと考えています。

最後に、出版して頂いたつむぎ書房様、Shingo's backpackersのジュンコさん、宿で沢山出会った日本人の方々、Mattコーチはじめ ISO-BJJのメンバー、ナラボーで出会った自転車仲間のナカムラさん、荷物紛失時に助けてくれたロビン、ミック夫妻、ボウ氏など数えきれないほど親切なオージー達に助けられました。

そして、日本からも多くの声援をもらい挫けずに楽しく、自分らしく旅を終えることができたかなと思います。この場で感謝の意を記します。

現在はSNSやインターネットが発達し、近況を知ることや、連絡を取り合うことが簡単な世となりました。本書のご感想や意見、内容へのディスカッション、雑談などお気軽にご連絡ください。

改めて、ご購読ありがとうございました。

鎌田悠介

▶著者プロフィール

鎌田悠介（かまた　ゆうすけ）

1987年5月7日生まれ。福島県会津若松市出身。

新潟大学工学部化学システム工学科に在学中、ピロクテテス新潟へ入門し総合格闘技「修斗」を習う。

その傍ら、長期休暇を利用し自転車で北は北海道、南は沖縄まで各地を旅する。

卒業後はナミックス（株）へ入社。電極部材や半導体封止材の開発に携わる。

28歳で総合格闘家としてプロデビュー。2016年修斗フライ級新人王を獲得。

2018年12月、31歳でオーストラリアへ渡り、各地で格闘技修行をしながら自転車一周の旅を完遂。

野営に「テントサイル」を使い、テントサイルマスターとして認められる。

格闘技やアウトドアのスキルと体験を生かし幅広く活動している。

オーストラリア自転車旅

2021年1月25日　第1刷発行

著　者　　鎌田悠介

発行者　　つむぎ書房
〒103-0023 東京都中央区日本橋本町2-3-15　共同ビル新本町5階
電話：03-6273-2638
URL：https://tsumugi-shobo.com/
発売元　　星雲社（共同出版社・流通責任出版社）
〒112-0005　東京都文京区水道1-3-30

ISBN：978-4-434-28595-0　C0026